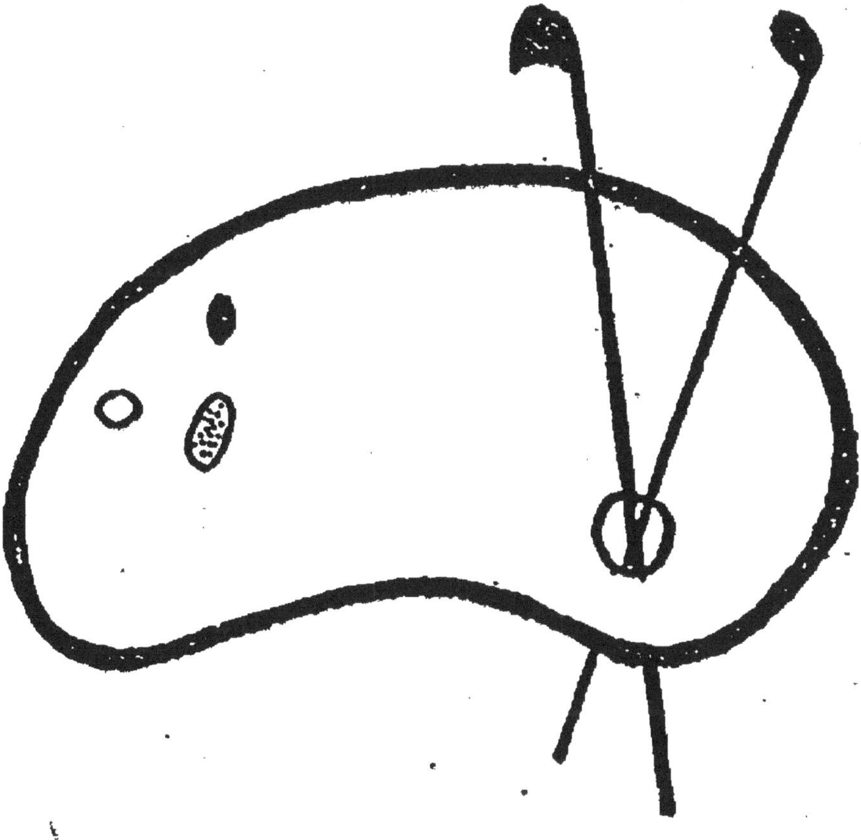

DEBUT D'UNE SERIE DE DOCUMENTS
EN COULEUR

SAINTE SCHOLASTIQUE

SON HISTOIRE, SES RELIQUES

ET

SON PÈLERINAGE A JUVIGNY-LES-DAMES

(MEUSE)

par l'abbé F.-A. LOISON

CURÉ DE JUVIGNY

BAR-LE-DUC

IMPRIMERIE DE L'ŒUVRE DE SAINT-PAUL

Ancienne Imprimerie des Célestins

L. PHILIPONA

1881

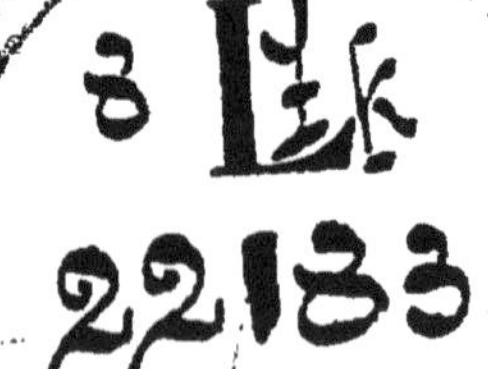

MÊME LIBRAIRIE

Annales du culte de saint Joseph *et de la sainte Famille*, organe officiel de l'archiconfrérie de Saint-Joseph d'Angers; honorées d'une bénédiction de Sa Sainteté Pie IX, et rédigées avec l'approbation des supérieurs, sous la direction du R. P. HUGUET, S. M., ancien directeur du PROPAGATEUR DE LA DÉVOTION A SAINT JOSEPH.

Conditions d'abonnement : *France*, *Corse*, *Algérie*, *Alsace-Lorraine*, *Belgique :* Un abonnement d'un an, 2 fr. 50. Dix abonnements *à la même adresse*, 20 fr. *Tous les autres pays de l'Europe*, y compris la *Turquie d'Europe* et *d'Asie*, et *l'Égypte*. L'abonnement d'un an, 2 fr. Dix abonnements *même adresse*, 20 fr. 48 pages par mois.

ANNALES DE L'ŒUVRE DE SAINT-PAUL

Publication mensuelle de 24 pages avec couverture, 2 fr. par an pour les pays de l'union postale.

SOMMAIRE DU MOIS DE FÉVRIER

Les causes de notre perte (Suite et Fin). — La France comparée à Jérusalem infidèle. — Un des causes de la décadence française. — Les livres impies. — Une admonestation d'un journal libre-penseur. — Faits divers. — Valentine Riant (Suite.) — A nos chers lecteurs. — Notre Courrier. — Livre d'or de l'apostolat par la Presse.

CONFÉRENCES DE SAINT-JOSEPH DE MARSEILLE. Carême de 1877, 1878, 1879. **La Foi, l'Eglise, le Saint-Siège,** par le R. P. VINCENT DE PASCAL.

Terribles punitions des profanateurs scandaleux du dimanche, démontrées par cent traits récents, par le *R. P. Huguet*. Brochure in-18 de 144 pages palpitantes d'intérêt. Prix de l'ex., *franco* : 50 cent.; la douzaine, 4 fr. 50; le cent, 30 fr.; le mille, 250 fr.

Bar-le-Duc — Imp. de l'Œuvre de St-Paul — L. PHILIPONA. — 445

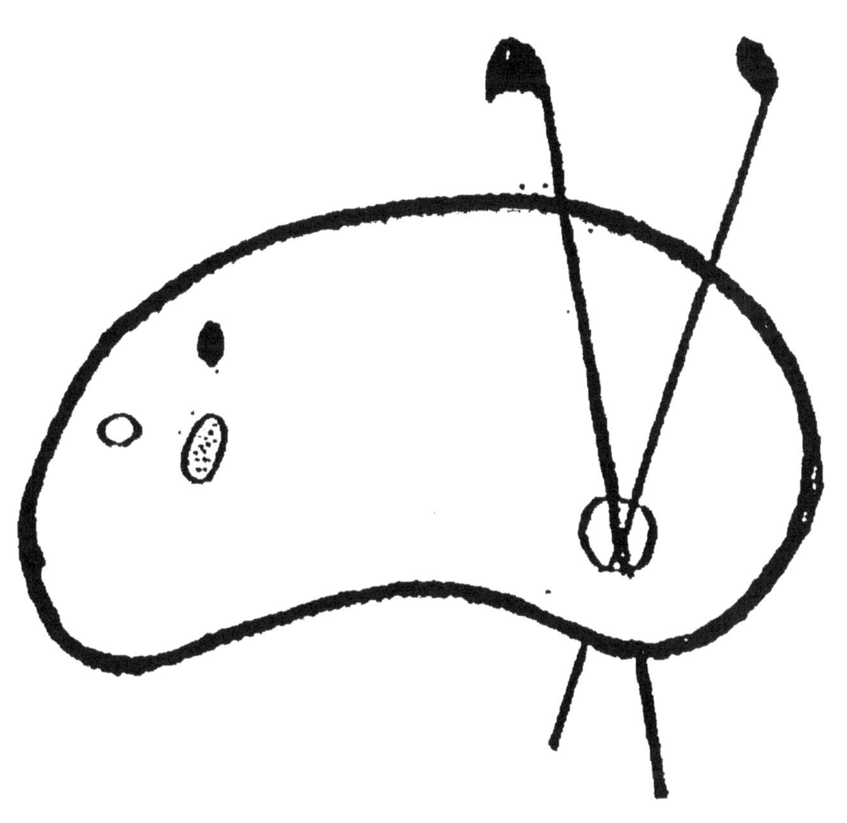

FIN D'UNE SERIE DE DOCUMENTS
EN COULEUR

SAINTE SCHOLASTIQUE

—

SON PÈLERINAGE

A JUVIGNY-LES-DAMES

SAINTE SCHOLASTIQUE

SON HISTOIRE, SES RELIQUES

ET

SON PÈLERINAGE A JUVIGNY-LES-DAMES

(MEUSE)

par l'abbé F.-A. LOISON

CURÉ DE JUVIGNY

BAR-LE-DUC

IMPRIMERIE DE L'ŒUVRE DE SAINT-PAUL

Ancienne Imprimerie des Célestins

L. PHILIPONA

1881

APPROBATION

Nous, Évêque de Verdun, permettons l'impression de l'ouvrage intitulé : Sainte Scholastique, son Histoire, ses Reliques et son Pèlerinage à Juvigny-les-Dames, par M. l'abbé Loison, Curé de Juvigny-les-Dames.

L'auteur a voulu faire le Manuel du Pèlerin au Sanctuaire où reposent les Reliques de sainte Scholastique : il a très heureusement atteint son but.

Nous le félicitons surtout de ses considérations sur les pèlerinages en général, et de ses méditations sur des sujets qui contribueront puissamment à ramener la vie chrétienne dans les âmes.

C'est dire assez que nous recommandons ce livre aux nombreux pèlerins, non seulement de Juvigny, mais encore des autres Sanctuaires de notre Diocèse.

AUGUSTIN, Evêque de Verdun.

Donné à Verdun, le 25 décembre 1880.

DÉCLARATION DE L'AUTEUR

Conformément au décret du pape Urbain VIII, nous déclarons que les grâces et faits miraculeux consignés dans ce livre n'ont qu'une autorité purement historique, nous soumettant d'esprit et de cœur au jugement de la sainte Église Romaine, dont nous serons toujours, Dieu aidant, l'enfant soumis et respectueux.

UN MOT SUR JUVIGNY

Juvigny est actuellement une commune de six cents âmes, située dans le canton de Montmédy, à neuf kilomètres de cette ville et à douze kilomètres de Stenay. Deux chemins d'intérêt général la traversent, reliant les routes nationales de Longwy et Verdun à Montmédy aux routes d'Étain et Verdun à Stenay, par Damvillers. On lui promet, dans un avenir assez rapproché, un chemin de fer de Montmédy à Dun-sur-Meuse.

L'origine de Juvigny, comme celle d'une foule d'autres bourgades, se perd dans la nuit des temps. Les plus anciens manuscrits de l'abbaye nous disent seulement que le monastère fut bâti dans un village de la *Wabvre* (in pago Varberensi) sous le nom de Juvigny, nom que portait sans doute la bourgade elle-même.

Mais d'où pouvait venir cette appellation? D'aucuns prétendent la faire découler de *Joviniacum*, et, pour motiver leur opinion, ils disent qu'il y avait primitivement, sur une hauteur voisine, un autel consacré à Jupiter, *Jovi;* de là *Joviniacum*, et enfin Juvigny. Quoi qu'il en soit de ce sentiment, que rien, après tout, ne contredit, il paraît certain que dès le ve siècle on vit s'élever, sur les ruines de l'autel du faux dieu, un oratoire dédié à saint Denis l'aréopagite. Des religieux, vivant en communauté dans un monastère y attenant, en étaient les gardiens.

Au VIIIe siècle, Juvigny faisait partie de l'héritage paternel de Richilde, femme de Charles le Chauve, roi de France. Lasse des faux plaisirs, la Reine conçut le projet de bâtir un couvent en l'honneur de sainte Scholastique, au pied de la colline dont nous venons de parler. Le choix de l'emplacement était des plus heureux : les nombreux monticules qui l'environnent, en faisaient à cette époque, peu soucieuse des relations sociales, une solitude embellie des grâces et des richesses de la nature.

La vigne y étale son beau feuillage à côté d'une antique forêt, qui forme au printemps un imposant massif de verdure. Une petite rivière appelée jadis *l'Azenne*, aujourd'hui *la Loison*, féconde dans son cours lent et capricieux une étroite prairie qui va en s'élargissant au midi, comme pour laisser au soleil le loisir de mûrir les fruits des vergers et les grappes du coteau. Enfin, ce dernier est surmonté d'une crête aride semée de roches et de broussailles formant un abri contre le vent glacé du nord. Tout cela fait un ensemble pittoresque, qu'un auteur a décrit dans ce style ampoulé : « La situation de Juvigny, recevant les pleurs de l'aurore comme dans un calice de rose, et les rayons du soleil comme dans un miroir à facettes placé en plein midi, est en effet admirable. (1) » L'auteur précité aurait pu compléter sa description fort imagée, et dire que le couvent formait comme le pistil de ce calice de rose et le foyer de ce miroir à facettes.

L'oratoire, dont nous avons parlé plus

(1) Jeantin, *Histoire inédite de l'abbaye.*

haut, reçut sans doute de notables accroissements; car il servit d'église paroissiale jusqu'en 1774, époque de la construction de l'église actuelle. Celle-ci fut consacrée sous le vocable de saint Denis, par Mgr Hontheim, évêque de Myriopolis et suffragant de Trèves.

L'accès difficile de l'antique sanctuaire, son insuffisance pour la population, dont le centre se trouvait déplacé par les maisons groupées autour de l'abbaye; enfin, sa vétusté peu rassurante, telles sont les raisons qui ont motivé sa démolition. Depuis longtemps, les moines, ses gardiens-nés, avaient disparu et avaient été remplacés par une façon d'ermite, chargé de la garde du cimetière et de son ossuaire. De tout ce passé, il ne reste plus aujourd'hui que quelques pierres tumulaires, perdues parmi les croix que la piété continue à élever en mémoire des morts.

En 1793, le monastère de Juvigny fut dévasté et démoli, à l'exception d'un bâtiment construit depuis peu pour la cuisson du pain, et appelé pour cette raison : *les fours*. Plusieurs fois vendus, ces fours furent achetés, en dernier lieu, par M. le comte Charles d'Imécourt, pour fonder son œuvre de prédilection : le Pensionnat des Frères de la Doctrine chrétienne.

Déjà avant la Révolution, les Dames bénédictines avaient tenu une école de jeunes filles nobles ; et par un de ces retours inespérés des choses humaines, Juvigny est redevenu une terre classique de l'éducation chrétienne.

Puisse cette glorieuse tradition ne pas être une seconde fois interrompue par le malheur des temps !

AU LECTEUR

L'antiquité du pèlerinage de sainte Scholastique à Juvigny, les faits merveilleux qui s'y rattachent le recommandaient tout particulièrement à l'histoire. D'un autre côté, les pèlerins, de plus en plus nombreux, réclamaient depuis longtemps un livre qui satisfît leur piété, encourageât leur confiance et guidât leur pas vers le sanctuaire où reposent les saintes reliques.

M. l'abbé Raulin, enfant de la paroisse, se mit à l'œuvre. Après avoir consulté les anciens manuscrits de l'abbaye, les archives du pays et les archivistes les plus en renom; après avoir interrogé les célèbres Bénédictins Dom Guéranger et Dom Piolin, il fit paraître en 1857 un opuscule intitulé : *Histoire de sainte Scholastique et de ses reliques*. Le public lui fit si bon accueil que l'auteur dut songer à une seconde édition.

Il y travaillait quand la maladie et enfin la mort vinrent arrêter son œuvre. Nous espérions que quelqu'un de ses nombreux amis se chargerait, avec le consentement de la famille, de mener à bonne fin une entreprise si malheureusement suspendue. Après une longue et inutile attente, nous crûmes devoir combler cette lacune dans le pèlerinage. Nous prîmes M. l'abbé Raulin pour guide et comme témoin, laissant toutefois de côté des détails qui se rapportent plus à l'histoire du monastère qu'à notre sujet. Nous avions, du reste, de quoi les remplacer avantageusement dans des faits récents d'une importance majeure : la fête du millénaire, et les guérisons nombreuses dont on nous a fait le récit. Notre grande préoccupation a été de faire ressortir l'action de la Providence dans la conservation des saintes reliques, ainsi que dans les témoignages de leur authenticité.

Daigne sainte Scholastique agréer l'hommage de notre bon vouloir !

L'AUTEUR.

LE PÈLERINAGE

Un pèlerinage est un voyage entrepris dans des dispositions religieuses, pour visiter le tombeau des Saints, ou les divers lieux consacrés par leurs actions ou leurs souffrances, afin d'obtenir de Dieu, par leur intercession, des grâces spirituelles ou temporelles.

Les pèlerinages remontent à la plus haute antiquité, parce qu'ils répondent aux sentiments les plus intimes du cœur de l'homme. C'est, dit Mgr Mislin, une consolation aux douleurs de la vie; le pauvre, le malheureux, le souffrant supporte avec joie le chaud, le froid, la pluie et les orages, et quand il a fait sa prière là où son cœur et sa foi l'ont conduit, il retourne content à sa misère et à ses travaux.

C'est aussi une marque publique d'estime

et de vénération donnée à la vertu, et, par suite, une exhortation pressante à régler sa vie, comme les Saints, sur les enseignements de la foi. C'est pourquoi l'Eglise a toujours encouragé les pèlerinages, par les nombreuses indulgences dont elle les a enrichis.

Au Moyen Age, elle a inspiré ces grands mouvements des peuples, marchant à la délivrance du tombeau de Notre-Seigneur Jésus-Christ. Elle présida à la création de ces Ordres fameux de chevalerie, dont l'épée devait conserver libre, pour les chrétiens, le chemin de Jérusalem.

L'Occident avait aussi ses sanctuaires vénérés, où grands et petits, nobles et roturiers se rencontraient, demandant à Dieu, par l'intercession des saints, le pardon de leurs péchés, et la grâce d'une vie plus conforme aux promesses du baptême.

En France, dans des temps moins reculés, on vit nos plus grands rois visiter, en pèlerins, les lieux consacrés par la dévotion populaire, et les enrichir des dons les plus précieux. En face de ce passé qui, certes, n'est pas sans gloire, que peuvent les sephismes et les railleries de l'incrédulité moderne contre les pèlerinages ? Aussi, le bon sens en fait justice tous les jours ; et nous pouvons affirmer que ces pieuses pratiques subsisteront, tant que nos cœurs auront besoin de soulagement, et qu'il y aura de la foi dans les âmes.

Avantages d'un pèlerinage.

Dieu, sans doute, pourrait accorder ses grâces par l'intercession des Saints, sans exiger ces longs voyages aux endroits consacrés par la présence de leurs reliques ; mais il veut par là glorifier ses élus, et donner aux hommes une plus grande estime de ses bienfaits. Du reste, il est dans la nature des choses, que la vue des reliques d'un Saint, des instruments de son supplice, ou de sa pénitence, ou du tombeau où il repose, fasse dans les âmes une impression plus vive et plus durable que le récit de ses grandes œuvres. N'est-ce pas ce qui arrive à Juvigny ? Qui peut voir, sans ressentir une profonde émotion, cet avant-bras et cette main de sainte Scholastique, encore revêtue de chair, après plus de treize cents ans? A ce spectacle, la prière s'enflamme, et monte plus confiante jusqu'au trône de Dieu. De là, sans doute, ces nombreuses guérisons qui amènent ici, chaque année, un plus grand nombre de pèlerins saintement avides d'obtenir, grâce à sainte Scholastique, la cessation de ces cruelles douleurs, nommées vulgairement convulsions, qui mettent en péril la vie de leurs enfants. Enfin, l'affluence de ces étrangers, et surtout les faveurs qu'ils obtiennent en récompense de leur foi, sont pour les paroisses qui possèdent des reliques une prédication incessante, les exhortant à mériter toujours la protection des Saints, plus encore par l'imitation de leurs vertus, que par les honneurs qu'elles leur rendent.

Avis aux pèlerins.

Un pèlerinage étant un voyage de dévotion, il importe que ceux qui l'entreprennent le fassent dans un esprit chrétien. Ils doivent purifier leur intention, s'établir dans les sentiments d'une humilité profonde, et dans une entière soumission à la volonté divine.

Et comme les reliques des Saints n'ont par elles-mêmes aucune puissance, il est souverainement désirable que les pèlerins se rendent Dieu propice, par une bonne confession et une sainte communion. A la vérité, le succès d'un pèlerinage ne dépend pas absolument de cette condition; mais il est certain que le pécheur qui sollicite une grâce étrangère à sa conversion, s'expose à être moins promptement exaucé. Dans une telle situation d'âme, non seulement il provoque la justice de Dieu, mais affaiblit, autant qu'il est en lui, la puissance d'intercession du Saint auquel il adresse sa prière.

Laissez-moi vous dire encore, chers pèlerins, que les convulsions de vos enfants pourraient être une punition de vos péchés; car l'Ecriture sainte nous déclare, que le Seigneur frappe quelquefois les enfants à cause des fautes de leurs parents. Cette doctrine, si dure soit-elle, est pleinement confirmée par la mystérieuse solidarité du péché originel dont il est impossible de nier les tristes effets parmi nous. D'ailleurs, le monde lui-même en fait souvent une sévère application par les responsabilités qu'il impose. Est-ce que la famille tout entière n'est pas atteinte dans son honneur, par l'action infamante de l'un de ses membres?

Donc, chers pèlerins, purifiez votre conscience par la confession; armez votre prière d'une force divine par la sainte communion. Vous aurez alors les plus puissants motifs de confiance, et dans la compatissante protection de sainte Scholastique, et dans ces paroles du divin Sauveur : *Demandez et vous recevrez, frappez et il vous sera ouvert* (1).

Toutefois, s'il arrive qu'une première démarche demeure sans résultat, ne vous découragez pas; revenez, si vous le pouvez. Souvenez-vous que Dieu nous avertit dans son Evangile, de vaincre sa résistance, par l'importunité de nos demandes. Demandez,

(1) C'est un grand abus que d'entreprendre un pèlerinage le dimanche, au détriment de l'assistance à la sainte messe.

demandez donc toujours, et vous obtiendrez sinon la grâce que vous sollicitez, du moins, celle de pouvoir dire avec Jésus-Christ : « Mon Père, que votre volonté soit faite, et non la mienne ! »

I

Vie de sainte Scholastique.

L'histoire nous a laissé peu de détails sur la vie de sainte Scholastique. Nous savons qu'elle sortait de la famille patricienne des Anicius. Son père se nommait *Eutrope*, et sa mère *Abondantia*. Celle-ci mourut en la mettant au monde le même jour que saint Benoît, son frère, à Norcie, petite ville de l'Italie, en 480. Dieu les dédommagea d'une si grande privation, en inspirant à Eutrope tous les dévouements de l'affection la plus tendre. Ce père chrétien éleva ses enfants dans les délicatesses de la vertu et les sentiments de la foi la plus vive. Aux qualités du cœur, il voulut joindre la culture de l'esprit en rapport avec leur position de fortune et la noblesse de leur rang. Benoît fut envoyé, jeune encore, à Rome pour y faire ses études; sa nourrice l'y accompagna plutôt pour sauvegarder son innocence que pour lui donner les soins réclamés par son âge. Eutrope pensait, avec raison, qu'une conduite régulière est, pour un écolier, la meilleure garantie des progrès dans les sciences humaines.

Nourri des saintes et vigoureuses leçons du foyer domestique, Benoît voulut, avant tout, rester disciple de Jésus-Christ. Sa piété fut son salut. En ce temps-là, il est vrai, la science ne délirait point jusqu'à vouloir chasser Dieu de l'école; mais alors, comme toujours, il se trouvait dans cette bouillante jeunesse de trop nombreux partisans d'une vie sans règle et sans frein. C'est pourquoi Benoît, craignant l'entraînement de l'exemple, conçut le projet de quitter le monde. Il sortit de Rome à l'âge de seize ans, prit le chemin du désert et gagna les montagnes de Subiaco, où il passa trois années dans une caverne profonde, s'initiant à la vie monastique, dont il devait être bientôt, au Mont-Cassin, une des gloires les plus pures et l'un des maîtres les plus célèbres.

De son côté, Scholastique, justifiant son nom, qui veut dire écolière de Dieu, par une sagesse vraiment surnaturelle, comprit bien vite que rien n'importe plus à l'homme ici-bas que de s'occuper de la grande affaire du salut éternel. La privation des caresses maternelles fit faire à ces idées un tel progrès dans son âme que les joies, les honneurs et les richesses lui apparurent de bonne heure comme de brillantes vanités. Elle songeait à se consacrer au Seigneur lorsque la détermination de son frère la rendit seule héritière d'une des plus grandes fortunes de cette époque. Dès lors, son éducation, ses rares qualités lui permettaient d'attendre la recherche des plus illustres patriciens. Mais, calme et le regard au ciel, ne voulant rien du monde et voulant tout de Dieu, elle se montra doublement sœur de saint Benoît en prenant Jésus-Christ pour son unique époux.

Quelques auteurs pensent que Scholastique demeura dans la maison paternelle aussi longtemps que la vieillesse d'Eutrope réclama les soins de sa piété filiale; et qu'elle s'y rendit de plus en plus digne de sa vocation par la pratique des œuvres de miséricorde.

D'autres, au contraire, affirment qu'Eutrope, quoique éprouvé par la mort prématurée de son épouse, et sous le poids du sacrifice récent de son fils, donna à Dieu sans hésiter ses dernières espérances et son dernier soutien.

Quoi qu'il en soit, cette noble vierge obéit aux inspirations de la grâce et subordonna sa détermination aux conseils du directeur de sa conscience. Aussitôt qu'elle put mener la vie solitaire, elle fit bâtir le couvent de Sainte-Marie de Plombarioles, à six kilomètres de celui de son frère, et situé dans une de ces collines qui s'enfoncent dans les plis de l'horizon montagneux que domine la cime vaste et arrondie du Mont-Cassin.

Plusieurs jeunes filles, dont elle avait été le modèle à Norcie, la suivirent dans sa retraite. L'éclat de ses vertus en attira d'autres encore des pays voisins, de sorte que Scholastique se trouva, au bout de quelques années, à la tête d'une communauté nombreuse, qu'elle dirigea dans les voies de la plus haute perfection. Pour elle, c'était par les conseils de son bienheureux frère qu'elle se gouvernait.

Afin de vivre dans une plus grande conformité d'esprit, ils se réunissaiet une fois chaque année dans une petite métairie située à mi-chemin des deux couvents. Là, par de pieux entretiens, ils ravivaient dans leurs cœurs l'amour de Dieu, le zèle pour la sanctification de leurs âmes et le dévouement pour celles dont ils étaient chargés. Et comme toute vie religieuse est essentiellement une vie de sacrifice, ils discouraient de préférence sur l'immolation de la nature par l'observance des moindres prescriptions de la règle. Ne savoir, comme l'apôtre saint Paul, que Jésus-Christ, et Jésus-Christ crucifié, telle était leur devise, tel était le but de leurs efforts. Aussi, l'efficacité de leur exemple, plus encore que l'autorité de leur parole, inspira aux moines du Mont-Cassin et aux Vierges de Plombarioles un profond esprit de discipline, qui fit de ces deux communautés une grande école de mœurs chrétiennes pour les peuples à peine évangélisés.

Le moment arriva où il plut au divin

Sauveur de rappeler à lui sa fidèle épouse. Avertie par une révélation miraculeuse que l'heure de la récompense était proche, Scholastique voulut voir son frère une dernière fois.

C'était le 7 février 543. A cette époque de l'année, sous le soleil d'Italie, la nature est en plein réveil, les fleurs exhalent leurs parfums et tout renaît à l'espérance. Dès le matin, Scholastique s'achemine lentement vers la sainte montagne, nourrissant son esprit de pieuses réflexions que lui suggèrent à chaque pas les merveilles de la création. Elle prépare ainsi son âme à la réfection spirituelle qu'elle va demander à son frère. De son côté, Benoît descend au-devant de sa sœur; ils se rencontrent au lieu accoutumé.

Ce dernier entretien est le seul épisode que nous connaissons de la vie de notre Sainte. Il a suffi néanmoins pour éterniser sa mémoire et révéler au monde la candeur de ses vertus. Les détails que nous en a laissés saint Grégoire-le-Grand sont du plus haut intérêt : écoutons ce touchant dialogue de l'amour fraternel aux prises avec l'austérité de la règle.

« Ils avaient passé tout le jour à parler, non plus comme autrefois de la pénitence, mais de la gloire reservée aux Elus. Vers le soir, ils prenaient la collation en commun. Comme ils étaient encore à table, et que la nuit s'avançait, Scholastique dit : De grâce, mon frère, ne me quittez point cette nuit, afin que nous nous entretenions du bonheur du ciel jusqu'à demain matin. » Benoît répondit : « Que dites-vous là, ma sœur? A aucun prix, je ne veux demeurer hors du monastère. » Or, le temps était alors fort serein; il n'y avait pas le moindre nuage dans le ciel. La Sainte, affligée de ce refus, met ses mains jointes sur la table, appuie sa tête dessus; puis, fondant en larmes, elle prie Dieu de s'intéresser en sa faveur. Sa prière à peine finie, survient une pluie d'orage, accompagnée d'éclairs et de gros coups de tonnerre, de sorte que ni Benoît, ni sa sœur ne purent quitter le toit qui les abritait. Le Saint s'en plaignit en disant : « Que Dieu vous le pardonne, ma sœur : qu'avez-vous fait? — Eh bien, oui, répondit-elle, je vous ai prié et vous n'avez pas voulu m'entendre; j'ai prié mon

Seigneur et il m'a exaucée. Maintenant, retournez dans votre monastère si vous le pouvez. »

Voyant ce miracle évident, l'homme de Dieu comprit qu'il ne devait pas résister plus longtemps au pieux désir de sa sœur; il continua donc à l'entretenir du bonheur du ciel.

Le lendemain, avant le lever du soleil, l'orage étant complètement passé, ils se quittèrent pour ne plus se revoir en ce monde. Trois jours après, sainte Scholastique assembla ses filles, leur recommanda, avec sa douceur ordinaire, de continuer à servir Dieu avec générosité; puis, bénissant le Seigneur dans l'effusion de son cœur, plein d'amour et d'allégresse, elle rendit sa belle âme à son Créateur, sans maladie et sans souffrance, le 10 février 543.

Au même moment, saint Benoît qui priait à la fenêtre de sa cellule, aperçut cette âme bienheureuse monter au ciel sous la forme d'une colombe environnée d'une éblouissante lumière. Ravi de cette vision, il récita un cantique d'actions de grâces, puis envoya quelques-uns de ses disciples pour lever le corps de la Sainte; le fit placer dans le tombeau préparé pour lui-même, « afin, dit saint Grégoire, que le même sépulcre réunît les corps de ceux dont les âmes avaient été si intimement unies pendant leur vie. »

Cette union dernière ne se fit pas longtemps attendre, car saint Benoît mourut quarante jours après sa sœur, le 21 mars 543.

II

Translation des reliques de sainte Scholastique du Mont-Cassin au Mans.

Au vivant de saint Benoît, le couvent du Mont-Cassin n'eut rien à souffrir des incursions des Barbares qui tour à tour se disputaient les dépouilles du vieil empire romain. Totila lui-même, oubliant sa cruauté d'orgueilleux vainqueur, se montra plein d'égards pour le grand serviteur de Dieu. Mais trente-sept ans après sa mort, son saint asile fut envahi, pillé et saccagé par les Lombards, sous la conduite de Zoto, duc de Bénévent. Les religieux s'enfuirent en toute hâte à Rome, n'ayant pas même eu le temps d'emporter le corps de leur saint fondateur.

Un siècle s'écoulera sans que personne

ne tente de relever ces ruines. Si les Bénédictins ne se mettent pas à l'œuvre, ce n'est pas par indifférence envers les glorieuses traditions du passé. Ils savent que de semblables entreprises ont une heure marquée par la divine Providence. En attendant que cette heure sonne, Dieu se montrera admirable dans ses Saints par les moyens qu'il saura mettre en œuvre, pour offrir leurs précieux restes à la vénération des fidèles.

Voici les moyens merveilleux :

Vers l'an 660, au commencement de son épiscopat, Béraire, évêque du Mans, eut une vision dans laquelle il reçut l'ordre d'aller chercher au Mont-Cassin, le corps de sainte Scholastique. Persuadé que cette vision venait du Ciel, le pieux Pontife choisit, sans tarder, quelques membres des plus vertueux de son clergé et les envoya en Italie munis des instructions nécéssaires (1).

Dans les premiers jours de leur itinéraire, les délégués du Mans demandèrent l'hos-

(1) Aldrevald, *Histoire de la translation des reliques de saint Benoît*, Nomb. 8.

pitalité aux moines de Fleury-sur-Loire. Or, saint Mommole, abbé de ce monastère, avait lu depuis peu, dans les *Dialogues* de saint Grégoire le Grand, le récit de la dévastation du Mont-Cassin. Profondément affligé de voir le patriarche de la grande famille des moines d'Occident enseveli sous un amas de décombres, il résolut de faire transporter son corps à Fleury. Déjà deux religieux étaient désignés pour cette mission ; tout était prêt pour le départ, quand arrivèrent les envoyés de Béraire.

On les reçut avec l'empressement de la charité fratetnelle. De part et d'autre, on se communiqua ses projets de voyage, sans toutefois en avouer le but véritable ; mais tous se réjouirent de cette rencontre inattendue de nouveaux compagnons de route. Le lendemain, dès le matin, la petite caravane se mit en marche, se dirigeant vers Rome, pour déposer aux pieds de Pierre toujours vivant dans la personne du Pape, l'hommage de sa foi et de son amour. Après avoir visité les lieux saints de la Ville éternelle, chaque groupe se sépara et prit secrètement le chemin de la sainte montagne.

Mais quel ne fut pas leur étonnement, lorsqu'ils se rencontrèrent le même jour, et presque au même moment, sur le sommet désolé ! Cette coïncidence leur apparut comme une manifestation de la volonté divine. Aussitôt, et d'un commun accord, ils se mirent à la recherche des précieuses reliques. Où fouiller ? Partout l'œil attristé ne voit que des monceaux de ruines. L'anxiété des investigateurs était grande ; toutefois, leur confiance augmente, à mesure que l'impossibilité paraît de plus en plus insurmontable. Ils prient avec cette foi qui obtient des miracles et voilà qu'un vieillard vénérable se montrant à eux, dit : « Creusez où vous verrez une colonne de feu descendre du ciel. » Bientôt la lumière céleste apparaît. Nos pieux voyageurs ayant rendu grâces à Dieu, s'empressent de creuser la terre, et après d'assez longs travaux les saints corps apparaissent à leurs yeux. Ils soulèvent avec respect ce trésor si ardemment convoité ; le déposent dans la châsse qu'ils ont préparée, et s'apprêtent à partir en toute hâte pour la France.

On dit que le Pape saint Martin, ayant

connu l'enlèvement des reliques, envoya des hommes armés pour arrêter les moines de Fleury et du Mans, mais qu'une nuée les déroba à leur poursuite (1).

Si quelque lecteur pouvait s'étonner d'une intervention aussi directe de la divine Providence dans la recherche des ossement de saint Benoît et de sainte Scholastique, nous le prierions de lire la vie des Saints et de réfléchir sur ce que Dieu a fait pour eux et par eux. Serait-il donc inadmissible qu'il s'intéressât encore à l'honneur de ses fidèles serviteurs après leur mort : surtout quand il réserve, par leur intercession, de nombreuses faveurs aux hommes ? Du reste, ces circonstances merveilleuses que l'histoire nous rapporte, forment ces pieuses légendes que l'Église n'impose pas à notre foi, mais qui, par leur nature, touchent à un ordre de choses dont la raison ne peut être seule juge.

Pendant que ces événements mémorables se passaient au Mont-Cassin, Béraire et Mommole demandaient des prières pour la

(1) Dom Piolin, *Histoire du Mans*.

réussite d'une entreprise aussi délicate que hardie. Dans leur anxieuse attente, ils avaient compté les jours de marche et de repos. Celui du retour leur paraissait proche. Déjà ils interrogeaient les bruits du dehors, lorsque la nouvelle de l'arrivée des délégués sur le territoire d'Orléans vint remplir leurs cœurs de joie et d'espérance. Les moines des environs, suivis d'une multitude de peuple, accourent au-devant des saintes reliques. A leur approche, ils les saluent d'une immense acclamation, que l'on peut regarder comme les premiers hommages de la vénération publique.

De son côté, Dieu manifeste la gloire et la puissance de ses serviteurs par des miracles éclatants.

Au village de Bonadius (Bonay), un boiteux est guéri au passage de la châsse. A Villa-Nova (Villeneuve), un aveugle de naissance recouvre la vue. Ces guérisons mettent le comble à l'enthousiasme du pieux cortège qui ne cesse de faire entendre les accents de sa louange et de sa reconnaissance.

Enfin, les portes du monastère s'ouvrent, et le saint abbé Mommole, les yeux mouillés de larmes et le front comme éclairé d'un rayon d'en haut, reçoit ce riche présent du ciel.

A partir de cette époque, le monastère de Fleury porta le nom de Saint-Benoît-sur Loire et fut en grande réputation dans la Gaule.

Après quelques jours de repos, les envoyés du Mans, songeant à retourner dans leur pays, demandent en partage les reliques de sainte Scholastique. Mommole oppose d'abord une grande résistance et finit par céder à leur juste réclamation. Mais il s'agissait de distinguer les ossements des deux Saints, confondus pendant le voyage. On convient de mettre d'un côté les ossements les plus forts et les plus grands, et de l'autre, les plus petits. Toute inquiétude n'est pas encore bannie des esprits : on passa la nuit en prière, afin qu'il plût au Seigneur de faire connaître par quelque signe l'identité des corps saints.

D'après la tradition, un double miracle dissipa toute incertitude. Les habitants de Fleury portaient en terre deux enfants de sexe différent. On proposa d'approcher les corps des ossements ainsi séparés. Cette idée reçut l'approbation générale. Or, il arriva que le jeune homme ressuscita au contact des reliques qui semblaient être de saint Benoît, et la petite fille au contact de celles de sainte Scholastique.

Rassurés par cette reconnaissance miraculeuse, les Manceaux prennent congé de leurs hôtes. Comme ils approchent de la ville, ils voient une procession sans fin précédée de l'Evêque et du Clergé, venant à leur rencontre. Chacun voulait vénérer la nouvelle patronne avant son entrée dans les murs de la cité. En même temps, l'église consacrée en son honneur est parée de ses plus riches ornements; les cierges allumés forment des gerbes de feu, et l'encens brûle de toutes parts sur les autels. Mais ce qui donne à ces préparatifs de réception une grandeur exceptionnelle, c'est la présence des malades et des infirmes accourus dans l'espérance de recueillir les prémices des bienfaits de la Vierge de Norcie.

Cette ovation de la souffrance confiante impressionne vivement le saint Pontife, qui à l'exemple du grand Apôtre, partage les joies et les tristesses de ses ouailles. Son émotion le trahit lorsqu'il entonne le chant d'actions de grâces. Prenant alors la châsse dans ses bras vénérables, il la dépose dans le sanctuaire richement orné par ses soins.

Cette translation eut lieu vers l'an 660. Béraire voulut en perpétuer la mémoire par une procession solennelle dans toute la ville, le jour même où elle s'accomplit. Cette pieuse cérémonie n'a cessé qu'au moment des troubles religieux du dernier siècle; mais la dévotion des Manceaux envers la sœur de saint Benoît resta toujours aussi vive et aussi populaire (1).

Outre la tradition perpétuelle de l'Eglise de France qui témoigne en faveur de cet événement remarquable, nous avons encore les martyrologes de Bède, de Wandelbert, de Raban, d'Abdon, d'Usuard et de Notker, et les calendriers dressés sous Charlemagne

(1) *La Semaine du fidèle* du Mans publiait, en 1878, que la cour de Rome venait d'élever, pour l'Eglise du Mans seule, la fête du 10 février au rit double majeur; et celle de la Translation, 11 juillet, au rit double de seconde classe.

et Louis le Débonnaire. Mais ce qui nous paraît décisif en ce point, c'est ce que dit Paul Diacre qui, de secrétaire d'Etat des derniers rois lombards, se fit moine, au Mont-Cassin, où il écrivit son histoire. « Dès lors, dit l'auteur d'une Vie des Saints imprimée en 1704, la cause de la translation des reliques de saint Benoît et de sainte Scholastique a toujours trouvé en avocats et en défenseurs, le double de ce qu'ont pu produire les partisans du sentiment contraire. »

III

Les reliques de sainte Scholastique au Mans.

Nous avons vu avec quelles démonstrations de joie les Manceaux avaient accueilli les reliques de sainte Scholastique. Des guérisons miraculeuses justifièrent bientôt cette allégresse. Au IXe siècle elles étaient déjà si nombreuses, que *Aldrevald* et le *Compilateur des Gestes* des Evêques du Mans jugèrent à propos de les publier, pour alimenter la piété des fidèles. Enfin, les *Annales* de la ville rapportent plusieurs faits qui attestent la puissance tutélaire de la Sainte sur la cité entière, notamment en 1562.

Les Huguenots étaient parvenus à s'introduire dans la place, grâce à la trahison de quelques habitants. Ces féroces sectaires commençaient à faire un riche butin, en portant partout la mort, lorsque saisis d'une terreur panique, ils s'enfuient en toute hâte, dans le plus grand désordre. Cette délivrance inespérée eut lieu le jour anniversaire de la translation des reliques. Quatre jours après, les notables déclarèrent, par un acte public, sainte Scholastique protectrice et principale patronne de la ville du Mans. Mais n'anticipons pas sur la marche des événements.

Les moines du Mont-Cassin, chassés par les hordes des Lombards, s'étaient, avons-nous dit, réfugiés à Rome, où ils bâtirent le monastère de Latran. Cependant ils n'avaient pas perdu de vue le berceau de leur Ordre, ni abandonné l'espoir d'y revenir un jour. Leurs vœux allaient enfin se réaliser. Le Pape Grégoire II, Bénédictin lui-même, à peine élevé sur le trône pontifical, considéra comme un devoir de sa charge la restauration du couvent de saint Benoît. Il confia ce soin à Pétronax, abbé de Latran, qui rendit, en peu de temps, à cet illustre monastère sa première splendeur.

« On vit des personnages de haute distinction quitter leurs fastueuses demeures, pour venir, à travers la pauvreté, marcher à l'assaut de ce sommet que personne ne convoite, le *Calvaire*, à la conquête de ce bien que personne ne veut, la *Croix*. » Une chose pourtant attristait cette grande famille : c'était de ne plus retrouver dans leur tombeau les restes vénérés de son saint fondateur. C'est pourquoi Grégoire voulut remettre l'Italie en possession de son saint patriarche et de Scholastique sa sœur. Dans ce but, il fit plusieurs démarches, dont les détails ont échappé à l'histoire. Mais on sait positivement que, ne pouvant vaincre la résistance des Manceaux, il alla jusqu'à les menacer d'excommunication dans un Concile tenu à Rome en 731.

Ce fut comme un coup de foudre. Comment se séparer des reliques d'une Sainte que l'on n'invoquait jamais en vain dans les besoins publics et privés ? La consternation était générale, et la désolation au fond de tous les cœurs, lorsque le bruit de la mort du Pape vint rendre quelque espérance aux Manceaux.

La cause des moines perdait, il est vrai, un grand soutien ; mais ceux-ci avaient trop de confiance dans la justice de leurs revendications pour qu'ils la regardassent comme perdue sans retour. En effet, le nouveau Pape Grégoire III ne se montra pas moins bienveillant que son prédécesseur. Il déploya comme lui un zèle infatigable, sans toutefois appliquer la sentence prononcée au Concile de Rome.

De son côté, Optat, successeur de saint Pétronax (750), poursuivait avec une nouvelle ardeur la restitution des saintes reliques. La divine Providence venait de lui donner un puissant auxiliaire dans la personne de Carloman, roi d'Austrasie. Ce prince avait échangé, au Mont-Cassin, le manteau royal contre le froc du moine. Sa qualité, son expérience des affaires et des hommes le désignaient tout naturellement comme le négociateur le plus autorisé de cette entreprise difficile. Sur l'ordre de l'Abbé, Carloman se rendit donc dans les Gaules, gagna à sa cause le roi des Francs, Pépin le Bref, son frère, qui à son tour, chargea saint Remi, alors archevêque de Rouen, de traiter la cession des reliques avec le clergé du Mans, d'une part, et les religieux de Fleury-sur-Loire, de l'autre. On dit qu'ayant été témoin de quelques signes miraculeux, le Prélat se contenta d'emporter la moindre portion des ossements de saint Benoit. Il est probable que le clergé du Mans fit, à l'exemple des religieux de Fleury, une remise partielle de son trésor. Dès lors, il est facile de concilier les opinions des différents auteurs qui ont traité l'importante question de la translation, en France, des reliques de l'un et de l'autre Saint.

Tranquilles enfin du côté des Bénédictins d'Italie, les Manceaux recueillirent en paix, pendant de longues années, les grâces dues à l'intervention de leur bien-aimée patronne. Mais, vers la fin du IXe siècle, ils furent de nouveau plongés dans de cruelles angoisses. Cette fois, les reliques étaient menacées d'une entière destruction. Les Normands, peuple païen et cruel, venaient d'envahir le pays, portant partout la dévastation, ruinant les monastères et profanant les choses saintes. Le couvent bâti par Bertaire n'échappa point à leur fureur; il devint la proie des flammes, à l'exception de l'église, qui demeura à peu près intacte. D'un autre côté, la piété avait fait bonne garde : la châsse de sainte Scholastique était profondément enfouie sous l'autel. C'est là que nous verrons bientôt une reine de France venir chercher une partie de ces restes sacrés, pour les transporter dans des régions moins exposées aux incursions des Barbares.

La translation des reliques de sainte Scholastique dans la ville du Mans fut un grand événement pour les Gaules. Elle contribua puissamment à raviver l'esprit monastique dans les couvents des femmes : presque partout la règle de saint Césaire d'Arles fut remplacée par celle de saint Benoît. On vit alors, selon l'expression d'un ancien auteur, une grande germination de monastères et des essaims de religieuses de toutes les conditions, travailler avec ardeur à l'acquisition de la perfection évangélique.

C'est ainsi qu'à Juvigny s'éleva, vers l'an 874, l'abbaye où reposeront pendant plus de neuf siècles les reliques de sainte Scholastique.

IV

Translation des reliques de sainte Scholastique du Mans à Juvigny (874).

Richilde, petite-fille de Boson, comte d'Ardenne, et épouse de Charles le Chauve, roi de France, voulant réparer ses années passées dans les plaisirs de la cour, résolut de bâtir une de ces maisons religieuses où, dans la solitude, la méditation et la prière, l'âme se dégage des liens de la terre et se prépare à posséder Dieu dans l'éternité. Dans ces temps durs, il est vrai, mais fortement nourris de la sève de la foi, ces saintes demeures étaient regardées comme des forteresses d'où la prière monte sans cesse vers le Ciel, pour détourner de ce monde les coups de la justice divine, toujours provoquée par les péchés des hommes. Ainsi, à l'expiation personnelle, Richilde unissait la prévoyance d'une reine pénitente.

Voici les circonstances qui hâtèrent la réalisation du projet qu'elle mûrissait depuis longtemps.

Un jour du saint temps de Carême, Richilde désirant, selon sa coutume, se préparer dans la retraite au grand honneur comme au grand devoir de la communion pascale, vint, accompagnée de son royal époux, dans le monastère de Saint-Denis, en France.

Le repas se prenait en commun avec les religieux. Or, il arriva qu'en ces jours on lisait la vie de saint Benoît et de sa sœur, au douzième livre des *Dialogues* de saint Grégoire le Grand. La reine fut attendrie, au récit du dernier entretien de sainte Scholastique. Son détachement du monde, son avidité à s'entretenir des joies du ciel, son intervention puissante auprès de Dieu, sa mort admirable, tout lui inspira une si grande dévotion pour cette vierge auguste, qu'elle résolut de bâtir un couvent en son honneur, sur une de ses terres patrimoniales. Elle choisit dans le diocèse de Trèves, près des villes de Stenay, Montmédy et Jametz, un petit village dont le nom primitif ne nous est pas bien connu (1). Les nombreux côteaux qui l'environnent lui font une solitude embellie par une rivière, des vignes, des prairies et des bois. Ce site parut à la reine Richilde exceptionnellement propre à élever l'âme vers Dieu, en même temps qu'il offrait des ressources faciles aux besoins de la vie. Sans plus tarder, elle fit jeter les fondations de son abbaye, qui reçut le nom de Juvigny.

Dans le cloître, comme dans le monde, le travail de la sanctification demande à chacun de la bonne volonté. Si les obstacles y sont moins grands et moins nombreux, la vertu néanmoins y rencontre toujours ses labeurs: donc, là comme ailleurs, les bras peuvent retomber et être comme

(1) Translation des reliques de sainte Scholastique, première leçon.

affaiblis; il faut des encouragements, recevoir de la vigueur et être poussé à l'œuvre. Or, rien n'est plus propre à ranimer le courage, soutenir la ferveur, que la vue des reliques des Saints. C'est pourquoi Richilde, apprenant que le corps de sainte Scholastique, sauvé d'abord des ruines du Mont-Cassin, venait encore de l'être de celles du monastère qui en avait la garde, au Mans, résolut de le transporter à Juvigny. Mais les rapports qui lui sont faits sur les dispositions des Manceaux laissent entrevoir de grandes difficultés. Toutefois, la reine espère qu'avec l'aide du vénérable abbé Gozelin, fils de Ricon Ier, comte du Maine, et de son frère Godfrid, guerrier distingué, à qui Charles le Chauve a donné le commandement du pays, elle pourra surmonter tous les obstacles. Son espoir est d'autant mieux fondé, que le double lien de la reconnaissance et de la parenté attache ces deux grands seigneurs au service du roi. Elle commence par leur adresser sa demande. Placés dans la dure nécessité ou de paraître ingrats ou de priver une ville, berceau de leur famille, de son plus riche trésor, Gozelin et son frère aiment mieux encourir le ressentiment de la reine que de dépouiller leur patrie. Ils refusent. Richilde, sans se décourager, se recommande à Dieu, puis va se jeter aux pieds de son royal époux, le supplie d'user de son crédit tout-puissant pour obtenir de l'évêque Robert les restes sacrés de sainte Scholastique.

Peu de temps après, Charles le Chauve marche sur Angers, pour en chasser les Lombards. De son côté, Richilde se dirige vers la ville du Mans, où elle doit attendre le retour du roi. Mais, dans son impatiente ardeur, elle va trouver l'évêque, et lui présente sa requête. Robert s'excuse de ne pouvoir y faire droit. La reine redouble ses prières; elle insiste sur le danger où sont les reliques de tomber entre les mains des Barbares. Cette raison paraît ébranler l'évêque qui, cédant enfin devant des considérations si graves, accorde la plus grande partie des ossements de la Sainte.

Une nouvelle difficulté se présente : le gardien de l'église, d'origine écossaise, refuse d'indiquer l'endroit qui recèle ce précieux dépôt. On emploie tour à tour les promesses et les menaces; mais le gardien s'obstine à garder le silence. Richilde, ne pouvant plus maîtriser sa colère, le somme de parler, sous peine de perdre l'extrémité des pieds et des mains. Alors le gardien révèle son secret, non sans protester contre la violence qui lui est faite. Il indique l'emplacement de l'autel. On creuse très profondément; et l'on trouve, en effet, la châsse, soigneusement préservée de tout contact avec la terre. Pendant que Richilde, dans la joie de son cœur, remercie Dieu de lui permettre d'accomplir son vœu, l'évêque retire une grande quantité d'ossements; il referme au plus vite le tombeau dans la crainte d'éveiller les soupçons des habitants de la ville et de provoquer une émeute. La reine les enveloppe dans un linceul d'étoffe précieuse, les place sur son sein sous son manteau royal; elle remet à quelqu'un de sa suite, plusieurs objets qui ont servi à l'usage de la Sainte (1); puis, tous retournent à la

(1) Un cordon, des ciseaux, une partie de sa robe, un bout de manche de chemise.

basilique principale, pour que rien de ce qui venait de se passer ne transpire au dehors. Richilde fait ses préparatifs de départ pour Stenay ; en même temps, elle donne ses ordres pour Juvigny. La bonne nouvelle court bien vite dans le pays, et de toutes parts on s'apprête à fêter la bienvenue de cette auguste patronne.

A l'arrivée de Richilde à Stenay, Bérard, évêque de Verdun, se rend dans cette ville, où se pressent déjà un grand nombre de fidèles, accourus pour vénérer les reliques déposées dans l'église collégiale. Le 8 juin, jour fixé pour la translation, l'Evêque donne le signal du départ.

« Les dignitaires de la collégiale et les « moines de Saint-Denis, de Juvigny, lè« vent avec une pieuse allégresse le reli« gieux fardeau ; les peuples des localités « voisines forment un immense cortège, la « procession se met en marche, au son des « cloches et au chant des hymnes ; elle gra« vit le coteau où était autrefois le bois con« sacré à Baal, aujourd'hui territoire de « Baalon ; elle vient faire une pose à Saint« Martin, sur le territoire de Quincey, puis

« elle arrive enfin à l'Oratoire de Saint-« Denis » (1), à l'endroit même où se trouve aujourd'hui le cimetière de la paroisse. Aussitôt l'Evêque et le clergé revêtent les ornements les plus riches. On descend la colline, en redisant en chœur les chants sacrés; l'encens monte en nuages odorants; les cierges allumés étincellent en sillons de feu, et la nouvelle patronne fait son entrée solennelle dans l'église du monastère, dignement parée pour un si grand jour de fête.

Quelques jours après, Bérard et Richilde donnèrent une abbesse aux religieuses : ainsi fut fondé le couvent royal des Bénédictines de Juvigny. Telle fut encore l'origine du pèlerinage dont nous écrivons l'histoire. Il se développera à mesure que les années et les siècles s'écouleront, parce qu'il sera toujours dans les desseins de la divine Providence une source féconde de grâces et de guérisons merveilleuses.

(1) L'abbé Raulin : *Histoire de sainte Scholastique et de ses reliques.*

V.

Les reliques de sainte Scholastique à Juvigny jusqu'à la Révolution de 1792.

Richement doté par la munificence de Charles le Chauve et de la reine, le monastère de Juvigny subit, après la mort du roi, plusieurs vicissitudes que nous ne rapporterons pas ici, parce qu'elles n'entrent pas dans le plan que nous nous sommes tracé. Ses richesses furent plus ou moins amoindries durant l'espace de deux cents ans, dans les luttes de la France avec la Germanie, et dans celles des seigneurs entre eux. Mais vers la fin du XIe siècle, les temps devinrent si mauvais; la Lorraine en particulier fut si cruellement éprouvée par les horreurs de la guerre, que les religieuses, ne se croyant plus en sûreté, cachèrent les reliques de sainte Scholastique, après les avoir enfermées dans une cassette garnie de solides liens de fer. (1)

Lorsque la tranquillité fut rendue au pays, Gualburge, la première abbesse dont l'histoire ait pris soin de nous transmettre le nom, songea à les remettre dans leur place d'honneur, après une reconnaissance solennelle. Elle communiqua ses intentions à Thierry, évêque de Verdun, qui, non seulement accueillit favorablement sa demande, mais prêta tout son concours pour donner le plus d'éclat possible à la cérémonie. Il convoqua une assemblée nombreuse pour le 14 septembre, fête de l'Exaltation de la sainte Croix. Au jour indiqué, une affluence extraordinaire de peuple se presse à Juvigny. Parmi les personnages de distinction qui se sont rendus à cet appel, on remarque Lambert le jeune, député de l'évêque de Liège, et Thierry, abbé de Saint-Hubert (2).

(1) Cette cassette existe encore aujourd'hui.

(2) D'après le P. Bertholet, Thierry aurait reçu de l'Abbesse la partie inférieure de la tête de sainte Scholastique et une phlalange d'un doigt.

Le Pontife, assisté d'un clergé nombreux, invoque le secours du Ciel, place la cassette dans un endroit apparent, brise les liens et fait l'ouverture en présence de la foule attentive et religieusement impatiente. Il constate, avec bonheur, l'existence des restes vénérés de sainte Scholastique, tels que la reine Richilde les avait apportés de la ville du Mans; les remet ensuite dans la châsse qui reste exposée aux regards et à la vénération des fidèles, pendant le saint sacrifice de la messe célébré en actions de grâce.

A partir de ce premier témoignage public rendu à l'authenticité des reliques de notre Sainte, l'histoire nous conduit jusqu'en 1608, sans fournir d'autre matière à notre récit, que l'offrande d'une châsse plus riche faite en 1342 « avec l'aide de Dieu et les aumônes des bonnes gens, » comme il est dit dans le vieux document où nous avons puisé ces détails.

Il n'y a rien dans ce silence qui doive nous surprendre : il s'agit ici des reliques d'une Vierge, dans un couvent de vierges qui travaillent, loin du monde, par la mortification et la prière, à imiter les vertus de leur sainte Patronne. Ce n'est plus la vie d'un peuple dont les passions s'agitent et se heurtent à l'intérieur, et souvent même avec celles des nations voisines.

Toutefois, dans les temps calmes comme dans les époques troublées, la divine Providence sait ménager les occasions d'affermir le culte des Saints dans les esprits chancelants, et de le défendre contre les attaques de l'incrédulité. C'est ainsi que l'élection de Mme de Livron, en 1608, suffira pour renouveler le fait accompli par les soins de Gualburge.

Gabrielle Scholastique de Livron n'avait que ving-trois ans, lorsqu'elle fut élue abbesse de Juvigny. Ses vertus justifièrent ce choix. Jusqu'alors, les religieuses, quoique d'une conduite édifiante, ne vivaient pas dans la solitude sévère de la clôture. La jeune abbesse, considérant cette réforme comme absolument nécessaire aux âmes qui aspirent à la contemplation de la vie divine, résolut de l'introduire dans sa communauté. Mais avant de rien entreprendre, elle mit son projet sous la protection de sainte Scholastique, en lui rendant les honneurs d'une nouvelle reconnaissance publique. Sur sa demande, le R. P. Georges Helffenstain, évêque d'Azote, suffragant de l'illustrissime et révérendissime Lothaire, archevêque et altesse de Trèves, assisté des vénérables prêtres : Thomas Dumont, curé de Marville, Henri Toussaint, curé de Grand-Failly, et Jean Pierson, curé de Longwy, ouvrit, le 16 mai 1609, le trésor de l'église abbatiale, en présence de l'Abbesse et des révérendes Dames, Nicole Doré, Antoinette de Moléon, Appoline de Latour et Catherine de Ville-Longue. Dans le procès-verbal de visite, il est positivement déclaré qu'on a toujours regardé comme véritables et authentiques, une partie du chef de sainte Scholastique, une grande quantité de ses os, son bras avec la main, sa ceinture, ses ciseaux, partie de sa robe, et partie de sa chemise. On peut facilement vérifier cette nomenclature dans la châsse actuelle. Le cordon, seul, est enfermé dans un étui particulier, parce qu'on en ceint le front des enfants aux principales fêtes du pèlerinage.

Cet acte de dévotion une fois accompli, Madame de Livron prépara pendant plusieurs années encore l'achèvement de son œuvre. Enfin, le 1er décembre 1629, elle eut la consolation de voir toutes ses filles embrasser généreusement la clôture.

Quatre ans s'étaient à peine écoulés dans les douceurs de la sainte observance, lorsque la Lorraine fut envahie par les Allemands et les Suédois. Dès le début des hostilités, la prévoyante Abbesse songea à mettre les Vierges de sainte Scholastique à l'abri des outrages d'une soldatesque sans mœurs et sans frein. Elle loua à Stenay une maison forte; elle y fit conduire les reliques, les vases sacrés et les effets les plus précieux du monastère, et s'y transporta avec ses filles. Ainsi, cette petite ville voyait pour la seconde fois, dans ses murs, les restes sacrés de la Sainte, que sept cent cinquante années auparavant, elle avait saluée comme la protectrice de la contrée.

Les religieuses étaient depuis quatre ans et demi dans ce refuge, converti en cloître. La guerre continuait toujours. Les biens de l'abbaye dépérissaient : Mme de Livron, confiante dans le Seigneur et la protection de sainte Scholastique, ramena sa communauté à Juvigny. Peu après son départ, Stenay tomba au pouvoir des ennemis, tandis que leurs armées passèrent et repassèrent devant le couvent, sans y causer aucun dommage. Un jour pourtant, Dieu voulut mettre à l'épreuve la foi de ces nobles vierges : les troupes commandées par M. de Hem, prince allemand, arrivèrent inopinément à Juvigny, vers neuf heures du soir. Soudain un cri d'alarme se fait entendre : *Les ennemis aux portes de l'abbaye!* Aussitôt, l'Abbesse rassemble les religieuses effrayées, les conduit à la chapelle, éclairée par des flambeaux ; toutes se prosternent devant la châsse de leur bonne Mère, en implorant sa protection, dans un si grand péril. A l'éclat des lumières, le prince reconnait qu'on est en garde. L'Abbesse lui envoie ses compliments. Le général, quoique protestant, reçoit très bien cette civilité. Il fait demander le mot du guet. Mme de Livron lui donne le nom de sainte Scholastique. Le lendemain, dès le matin, les ennemis se retirent, comme poussés par une force irrésistible.

Ces faits historiques, qui témoignent visiblement de la vigilance divine sur les reliques de sainte Scholastique, nous ramènent à celui qui les domine tous : je veux dire, l'élection de Mme de Livron. Ce choix fut providentiel ; car, entourée pendant vingt-cinq ans, d'hommes de guerre et de rapine, ligueurs d'un côté et calvinistes de l'autre, elle sut faire face à tous les orages qui menaçaient son riche trésor, et mener à bonne fin son œuvre de réformation.

Pour récompenser, ici-bas, tant de courage et de persévérance, Dieu ne jugea pas suffisante la satisfaction que donne le sentiment du devoir accompli. Il voulut que cette femme forte recueillit, dans la tranquillité, jusqu'à sa mort, en 1661, les heureux fruits de sa réforme. Alors, s'ouvrit une ère de consolations et de joies toutes spirituelles par une troisième attestation de l'authenticité des saintes reliques, dont voici le document, empreint de la piété reconnaissante de son auteur.

« Ce 12 décembre 1612, fut ouverte cette
« châsse, par le P. Jean Hallay, de la Com-
« pagnie de Jésus, recteur du collège de

« Verdun, natif de la ville du Mans, et singulièrement obligé à la mémoire de sainte « Scholastique, patronne de son lieu natal « et sa bienfaitrice particulière, qui, pour « ce sujet, fut curieux d'en bien reconnaître « les reliques comme faisant partie du corps « entier que la susdite ville du Mans tient « depuis plusieurs siècles. Et trouve : 1° Un « vieux sceau de cire brisé, dont les pièces « ramassées faisaient d'un côté l'image « d'un Evêque à cette inscription : R. C. B. « MANENSIVM. E. P. S., qui veut dire « Robert, évêque du Mans. C'est sans doute « le sceau de la pancarte du transport de « ces reliques, fait sous cet évêque, du temps « de Charles le Chauve, comme le rapporte « le bréviaire ancien de l'abbaye. 2° Un « paquet d'ossements, au nombre de douze, « savoir : les six des deux cuisses et jambes, les trois du bras droit, avec un quatrième qui est en rond et semble être le « coude, et un autre grand du bras gauche ; « il remarqua que l'os de la jambe gauche a « une excroissance contre nature, de la grosseur d'un œuf, vers la cheville du pied. « 3° Le bout de la manche d'une chemise de

« toile assez grosse, et d'une tunique de
« serge fine, noire, sans teinture. 4° Des
« ciseaux antiques, faits ainsi (1). 5° Une
« forme de custode en façon de fiole ou petit
« flacon de deux plaques de plomb, l'une
« bossue et l'autre plate, repris avec un
« lacet de cuir et un peu de mastic de par-
« fum vers le goulot. Il est croyable qu'il y
« avait en dedans quelque poussière de
« terre bénite, comme l'indiquent ces mots
« grecs..... : Εὐλόγια Κύριου Ἐκ τῶν ἁγίων
« Τόπων (2). Nous visitâmes ensuite un
« bras de la même Sainte en chair et en
« os, depuis le coude en bas avec la main,
« le tout dans un beau cristal. C'est le reste
« du bras gauche qui, sans doute, fut trouvé
« vêtu des manches susdites. Item, nous
« avons visité son chef sacré enclos dans
« une châsse sexagone; il n'y a que la face
« du chef depuis le sommet jusqu'à la ma-
« choire d'en haut, avec quatre dents en-
« core adhérentes aux gencives. Item, nous
« avons visité, dans un autre reliquaire, la

(1) Ces ciseaux ont la forme d'une tondeuse.
(2) Bénédiction de Notre-Seigneur des lieux saints

« mâchoire d'en bas, où il n'y a aucune dont « enchâssée. Item, nous avons vu la ceinture de cette glorieuse Sainte, qui est « d'un petit lacet de fil, et est enfermée « dans une de fil d'argent.

« Fait à Juvigny, en présence de toute « la communauté assemblée à cet effet, « ce 12 décembre 1642.

« JEAN HALLAY, de la Compagnie de Jésus. »

Après la mort de Scholastique-Gabrielle de Livron, la crosse abbatiale passa dans les mains de Gabrielle-Marie de Livron-Bourbonne, sa nièce, puis dans celles de Marie-Gabrielle de Livron, sa petite-nièce, qui continuèrent de relever le monastère royal de Juvigny au plus haut degré de régularité et de sainteté jusqu'en 1711, époque à laquelle Mme Marie-Madeleine-Alexis de Wassinhac-d'Imécourt fut appelée à recueillir l'héritage de cent trente-trois années d'une administration ferme, douce et prudente. Cette abbesse se montra digne de sa mission. D'une piété éminente, d'une charité sans bornes, elle maintint les constitutions de la réforme dans toute leur intégrité, et veilla à la stricte observance de la règle. Elle eut aussi la gloire d'inscrire son nom sur le titre récognitif des saintes reliques, qui forme le dernier écho de l'ancienne tradition.

La bénédiction d'une châsse plus grande et plus riche que les autres donna lieu à cette reconnaissance authentique, dont voici le procès-verbal dans toute son intégrité.

« Jean-Nicolas de Montheim, par la mi« séricorde divine, évêque de Myrïapolis, « suffragant et conseiller intime d'Etat de « Son Altesse sérenissime électorale Mon« seigneur l'Archevêque, prince, électeur « de Trèves, seigneur de Montquintin, Cou« vreux, Rouvroy et Dampicourt. Certi« fions, par ces présentes, que cejourd'hui, « 23 du mois d'octobre 1775, après avoir « fait la bénédiction d'une châsse d'argent, « belle, grande et très bien travaillée. Nous « avons ouvert le reliquaire des reliques de « sainte Scholastique, fermé de deux serru« res et de deux clefs, en présence de Ma« dame Marie-Alexis, comtesse de Was« sinhac-d'Imécourt, abbesse; de Madame « Victoire d'Imécourt, coadjutrice; de toute

« la communauté de l'abbaye de Juvigny ;
« du sieur Defranque, confesseur ; des chapelains et du prévôt de ladite abbaye.
« Nous y avons vu et reconnu les reliques de sainte Scholastique, telles, ainsi et de même qu'elles sont désignées dans l'authentique conservé dans ledit reliquaire ; qu'ensuite, nous les avons remises avec ladite authentique dans ledit reliquaire en forme de coffret ; que nous avons fermé les deux serrures ; que nous avons déposé ledit reliquaire dans la susdite châsse d'argent, et qu'après avoir vénéré lesdites saintes reliques, la susdite châsse a été solennellement et processionnellement portée dans le trésor du dit monastère.

« En foi de quoi, nous avons signé les présentes, contresignées de notre secrétaire, et y avons fait apposer le sceau de nos armes.

« Juvigny, les jour, mois et an que dessus.

« JEAN-NICOLAS DE HONTHEIM.
« Par ordonnance,
« P. PIERSON, chanoine. »

Ces reconnaissances, tout en faisant époque dans l'histoire du couvent, marquaient comme les étapes de la vie religieuse vers l'idéal de la perfection. Aussi, lorsque dans la guerre formidable déclarée à Dieu et à sa religion, viendront pour Juvigny les jours d'épreuve et de deuil, personne ne pourra dire : C'est la justice divine qui passe sur cette maison. Comme par le passé, les reliques de sainte Scholastique échapperont à la profanation ; et son pèlerinage, un moment interrompu, reprendra son cours dans les mêmes garanties de confiance et de vénération.

VI

Les reliques de sainte Scholastique, depuis la Révolution de 1792 jusqu'à leur retour dans l'église paroissiale en 1804.

L'HEURE est venue, où la justice de Dieu va passer sur la France comme un feu dévorant. C'est que les peuples comme les particuliers sont justiciables envers lui; avec cette différence, que les peuples reçoivent toujours, ici-bas, récompense ou punition, selon leurs œuvres, parce que dans l'éternité il n'y a plus, dit l'Apôtre, de distinction de nations. On s'étonne encore de voir, en ces jours de désolation, le juste et l'impie confondus dans le même châtiment; mais c'est par ce mystère d'expiation, que Dieu rend à la terre son sourire de paix. En effet, le sang innocent incline la miséricorde vers les hommes. C'est par la persécution que la vertu s'épure et mûrit pour la récompense éternelle. Donc, l'œuvre des méchants va s'accomplir. Autant la foi a mis de zèle à élever des temples, à bâtir des monastères et à les enrichir des reliques des Saints; autant la révolution apportera de fureur à les détruire, ou à les profaner.

Juvigny ne sera point épargné. Les portes de son vieux monastère seront brisées; ses nombreux autels seront dépouillés, ses ornements (son riche trésor), ses neuf cloches, seront la proie de la rapacité des commissaires de Montmédy. Le 15 novembre 1792, les ministres d'un pouvoir inique se présentent à l'abbaye, et, au nom de la loi, se disposent à mettre sous séquestre les objets précieux qu'elle renferme. Déjà vingt-deux reliquaires sont en leur pouvoir; ils vont consommer leur sacrilège spoliation, en mettant la main sur un dernier, plus grand et plus riche que les autres, portant cette inscription: *Reliques de sainte Scholastique,* quand Mme Marie-Victoire-Louise de Wassinhac d'Imécourt, oubliant le calme que lui avait imposé sa grandeur d'âme, s'écrie : « Ah ! tout le reste, je n'ai pu l'arracher à votre rapacité ; mais fallût-il mourir, je ne consentirai jamais à me séparer du bras de ma mère. » Toutes les religieuses fondent en larmes, et font de leurs corps, un rempart autour de la châsse de sainte Scholastique. Tant d'héroïsme arrête ces barbares et amollit leurs cœurs. Ils consentent, moyennant rançon, à laisser à l'abbesse les reliques de la Sainte. Ainsi fut sauvé le plus riche trésor de Juvigny. Gloire à Dieu, et reconnaissance impérissable à Mme Marie-Louise de Wassinhac d'Imécourt !

Chassées de leur couvent, les religieuses se dispersent, pour la plupart, dans leurs familles. L'abbesse se retire d'abord à Rupt-sur-Othain, avec les restes vénérés qu'elle vient d'arracher si courageusement à la profanation. Pendant ce temps, on prépare un oratoire au château d'Imécourt, et les appartements nécessaires pour la recevoir. Alors, prenant congé de ses hôtes, elle retourne au foyer de ses ancêtres. Quelques-unes de ses filles viennent l'y rejoindre et continuent, autant que possible, dans le silence et la retraite, à suivre les exercices de leur sainte règle. Nous n'essaierons pas de décrire les larmes et les prières que ces vierges, glorieuses épaves de la révolution, répandirent jour et nuit au pied des reliques de sainte Scholastique, pour leur inhospitalière patrie.

Cependant, Dieu s'est levé; les impies confondus ont disparu devant sa face. Les églises sont rouvertes à la prière et à toutes les magnificences du culte catholique. Le moment est venu de rendre à notre Sainte d'autres honneurs que les hommages solitaires de l'exil. Mais le monastère, la chapelle, le sanctuaire de Juvigny ont été vendus à l'encan. Les sacrilèges acquéreurs ont fouillé jusqu'aux fondations, pour tirer profit de tout. A part un bâtiment affecté à la cuisson du pain, le couvent n'offre plus qu'un monceau de ruines.

D'ailleurs, les religieuses sont dispersées comme la poussière au souffle de la tempête; plusieurs ont succombé sous le poids de la douleur.

Et pourtant, c'est à Juvigny que sont attachés les plus doux souvenirs, les plus tendres affections du cœur de Mme de Wassinhac. C'est là qu'elle veut ramener son cher trésor. Elle fait part de son projet à Mgr d'Osmond, évêque de Nancy, de qui relevait à cette époque le diocèse de Verdun. Le prélat accueille avec faveur cette ouverture, et bénit cette résolution. Il s'empresse de désigner un délégué pour recevoir les reliques et en constater l'identité. M. Raulin, curé de Reville et ancien chapelain de l'abbaye, est chargé de cette importante mission. De son côté, Madame l'abbesse prend pour avoué M. François Jacquet, curé d'Imécourt. Le 27 juillet 1804, la reconnaissance a lieu, et procès-verbal en est dressé dans la forme suivante :

« Ce jourd'hui, 27 juillet 1804, 8 thermidor, an XII, en vertu de la Commission adressée à nous, Benoît-Joseph Raulin, desservant de la paroisse de Reville, diocèse de Nancy, par Monsieur le vicaire-général de Monseigneur l'évêque de Nancy, en date du 7 messidor dernier, signé Brion,

« assisté de Jean-François Jacquet, desser-
« vant de la paroisse d'Imécourt, avoué de
« Mme de Wassinhac d'Imécourt, abbesse
« du ci-devant monastère de Juvigny, à
« l'effet de prendre connaissance et de con-
« stater l'identité des reliques de sainte
« Scholastique, dont est dépositaire ladite
« dame, domiciliée à Imécourt depuis la des-
« truction dudit monastère, où ces saintes
« reliques étaient en grande vénération et
« où les peuples circonvoisins venaient en
« foule depuis l'an 874, 8 juin, époque où
« ces saintes reliques ont été apportées par
« la reine Richilde, épouse de Charles le
« Chauve, qui avait été les recevoir de Ro-
« bert, évêque du Mans, ainsi qu'il appert :
« 1er Par la légende de l'office de la transla-
« tion de ces mêmes reliques, tirée des
« anciens manuscrits dudit monastère, ap-
« prouvés par Mgr Aton, suffragant de l'ar-
« chevêque de Trèves, l'an 1616, 27 mai.
« 2° Par un procès-verbal du 12 décembre
« 1612, rédigé en présence de la commu-
« nauté de Juvigny, par le révérend Père
« Halay, de la Compagnie de Jésus, recteur
« du collège de Verdun, natif de la ville du

« Mans ; lequel procès-verbal est énonciatif « du titre de concession desdites reliques « faite par Monseigneur Robert, évêque du « Mans, à ladite reine Richilde et explicatif « de chacune de celles-ci, telles qu'elles se « trouvent dans un coffre fermant à deux « serrures, qui existe encore. 3° Par un autre « procès-verbal du 23 octobre 1775, fait par « Monseigneur Jean-Nicolas de Hontheim, « évêque de Myriopolis, suffragant de Trè- « ves, lors de la translation desdites reliques « d'une ancienne châsse dans une nouvelle, « bénite par lui en présence de la commu- « nauté, du confesseur, des chapelains et » du prévôt de l'abbaye, dans lequel il dit « avoir vu et reconnu les reliques de sainte « Scholastique, telles qu'elles sont désignées « et expliquées en l'authentique conservé « dans ledit coffret existant encore aujour- « d'hui entre les mains de ladite dame ab- « besse, qui nous en a fait l'ouverture et « nous a présenté les reliques, telles qu'elles « sont désignées dans les procès-verbaux ci- « dessus, savoir :

« 1° Un paquet d'ossements au nombre de « douze, les six des deux cuisses et jambes,

« les trois du bras droit, avec un quatrième « qui est en rond et semble être le coude. « Un autre grand os du bras gauche, et un « autre de la jambe gauche qui présente « une excroissance contre nature, de la « grosseur d'un œuf, vers la cheville du pied.

« 2° Le bout de la manche d'une chemise « de grosse toile et d'une tunique de serge « fine noire sans teinture.

« 3° Un ciseau ainsi fait (forme d'une « tondeuse).

« 4° Une forme de custode en façon de « fiole ou petit flacon de deux plaques de « plomb, l'une bossue et l'autre plate, re- « prises avec un lacet de cuir et un peu de « mastic de parfum vers le goulot. Il est « probable que cette custode a contenu quel- « que poussière de terre sainte.

« 5° Un bras de la même sainte en chair « et en os depuis le coude en bas, avec la « main, qui probablement a été trouvé vêtu « des manches susdites.

« 6° Son chef avec quatre dents adhé- « rentes aux gencives et aucune à la mâ- « choire inférieure.

« 7° La ceinture de la sainte, qui est d'un

« petit lacet de fil entouré d'un fil d'argent
« 8° Un autre os d'un bras.

« Après nous avoir présenté les reliques
« et autres pièces ci-dessus mentionnées,
« Madame Marie-Victoire de Wassinhac
« d'Imécourt nous a déclaré avoir vu et lu
« le titre primitif de concession; et moi,
« Benoît-Joseph Raulin, soussigné, chape-
« lain de l'abbaye de Juvigny en l'an 1775,
« époque de la translation desdites reliques
« de l'ancienne châsse dans la nouvelle,
« déclare également et certifie avoir vu le
« même titre, qui probablement a été égaré
« lors de la dévastation des églises.

« Nous, commissaires soussignés, ensem-
« ble Madame de Wassinhac d'Imécourt,
« abbesse du monastère de Juvigny, certi-
« fions l'énoncé au procès-verbal ci-dessus,
« véritable et conforme aux anciens procès-
« verbaux.

« Fait à Imécourt, les jour, mois et an que
« dessus, MARIE-VICTOIRE-LOUISE DE
« WASSINHAC D'IMÉCOURT, J.-B. RAULIN,
« *curé desservant de Reville*, JACQUET,
« *desservant d'Imécourt.* »

Après l'horrible catastrophe de 93, on

est heureux de lire en entier un tel document où sont réunies, comme en faisceau, les anciennes pièces justificatives de l'authenticité des reliques de sainte Scholastique. C'est l'anneau qui relie le passé au présent. C'est la voix qui crie : « Le doigt de Dieu est là ! »

Sur la présentation de ce procès-verbal de reconnaissance, Mgr d'Osmond permet, par des lettres patentes du 1er août 1801, d'exposer les saintes reliques à la vénération des fidèles.

Et le 29 du même mois, elles sont solennellement déposées dans l'église paroissiale, en présence de Benoît-Joseph Raulin, desservant de Reville ; Gilardin, vicaire de Vigneulles ; Henri-Joseph Collignon, vicaire de Flassigny ; Jean-Pierre, desservant de la succursale de Bazeille ; Jean-François Jacquet, desservant de la succursale d'Imécourt. L'allégresse est générale ; tous saluent avec amour cette vierge protectrice, qui s'intéresse à toutes les misères, et que les petits enfants, surtout, ne réclament presque jamais en vain dans les horribles douleurs des convulsions.

VII

Les reliques de sainte Scholastique dans l'église paroissiale de Juvigny depuis 1804 jusqu'à nos jours.

L'ÉGLISE paroissiale de Juvigny, construite en grande partie avec les libéralités de l'abbesse en 1774, et consacrée le 20 octobre de la même année par Mgr Jean-Nicolas de Hontheim, évêque de Myriopolis et suffragant de l'archevêque de Trèves, n'avait pour tout ornement décoratif que les cinq sujets de peinture murale du fond de l'abside. Tout le reste, bâti dans d'assez larges proportions, ne rappelait que trop le malheur des temps. Une pauvre châsse en bois formant un ensemble de plusieurs coffrets superposés, tels étaient les apprêts de réception que l'on avait pu offrir à l'auguste patronne. Tout cela faisait, sans doute, un pénible contraste avec les antiques richesses du sanctuaire de l'abbaye ; mais la piété des fidèles reconnaissants saura y porter remède avec le temps. Néanmoins, les pèlerins reprennent bien vite le chemin de Juvigny, trop longtemps fermé à ces pieux voyageurs. Alors, Mgr de Villeneuve, évêque de Verdun, heureux de voir son diocèse en possession d'aussi précieuses reliques, voulut laisser un témoignage de sa profonde vénération pour elles. Il fit appel, en 1828, à son clergé et à tous ses fidèles, pour remplacer la châsse en bois par une autre plus riche. Et, dès le 25 septembre de la même année, le prélat, assisté de MM. Maillard-Landreville, chanoine de l'église cathédrale ; Baillès, secrétaire de l'évêché ; Huard, curé-archiprêtre de Montmédy ; Jactel, curé de Juvigny ; Lacour, curé de Louppy ; Degrange, curé de Jametz ; Gueusquin, curé de Mouzay ; Boutillot, curé de Marville, avait la consolation de transférer les reliques dans une châsse nouvelle, dont la principale partie était en argent. Ce fait amena la vérification du procès-verbal dressé en 1801, et dont l'exactitude fut reconnue parfaite.

Treize années plus tard, le 21 mai 1811, M. Pierre Didiot, archidiacre de l'église cathédrale et vicaire général du diocèse, mort, depuis, évêque de Bayeux, vint, sur l'ordre de Mgr Augustin-Jean Letourneur, évêque de Verdun, pour visiter les reliques et en soustraire quelques-unes en faveur de l'évêque de Porphyre. Au lieu de prendre un des ossements cachés dans la partie inférieure de la châsse, on eut la malencontreuse idée de raccourcir le bras de la partie voisine du coude.

Mgr d'Osmond avait été mieux inspiré en 1818, lorsqu'il commissionna François Lombal, prêtre bénédictin, curé de la ville de Stenay, et Jean Mars, curé de Juvigny, d'ouvrir la châsse et d'en tirer deux ossements pour être envoyés à Mgr l'évêque d'Arras, qui en fit remise à la maison de ses religieuses bénédictines.

Malgré ces soustractions partielles, le trésor de Juvigny était encore considérable.

C'est pourquoi Dom Guéranger, abbé de Solesmes, envoya en 1869 un de ses religieux, Dom Gardereaux, pour négocier une cession nouvelle assez importante. La prière des Bénédictins fut ardente, comme celle des fils qui réclament l'héritage d'une mère. De leur côté, les habitants de Juvigny, voyant toutes ces demandes à des intervalles si rapprochés, craignirent, avec raison, de se voir un jour trop appauvris. Par la donation de Madame l'abbesse, ils se crurent héritiers de la garde sévère que les religieuses avaient toujours faite autour de ces restes sacrés. Enfin, l'intervention visible de la Providence dans la conservation des reliques à Juvigny, parut un motif suffisant pour refouler les sentiments de compatissante bienveillance qu'éveillait dans leurs cœurs la démarche des enfants de Saint-Benoît.

Cet incident fournit à Mgr Hacquard l'occasion de satisfaire sa piété envers sainte Scholastique. Déjà Sa Grandeur avait témoigné le regret de voir une grande partie des reliques de la Sainte demeurer cachées dans le socle de la châsse formant coffret. Elle exigea que toutes fussent rendues visibles, pour recevoir les hommages de la vénération publique. C'était demander à la paroisse un nouveau sacrifice; mais la pensée que de plus grands honneurs seraient rendus à sa patronne, ouvrit la main du riche comme du pauvre : tous firent, avec joie, l'offrande qui devait servir à la transformation de la châsse.

Si Mgr l'évêque de Verdun eut le chagrin de contrister le vénérable abbé de Solesmes en refusant d'appuyer efficacement sa demande, l'attachement qué tous les habitants de Juvigny témoignèrent dans cette circonstance à sainte Scholastique, dut le consoler. Du reste, la fête du millénaire, dont nous parlerons plus loin, prouve que le prélat en avait conservé bon souvenir.

Un orfèvre habile de Nancy s'étant chargé du travail de restauration, M. François Henry, curé, archiprêtre de Montmédy, délégué par Monseigneur, et assisté de MM. Jean-Baptiste Humbert, curé de Quincy et promoteur du canton ; Antoine-Augustin Lemaire, curé de Han-les-Juvigny; Gabriel-Nicolas Loison, premier vicaire de

Montmédy, résidant à Vigneulles ; Alfred Thouille, vicaire de Montmédy ; et François-Auguste Loison, curé de Juvigny, déposa les saintes reliques dans une des anciennes châsses en bois, dont il a été question plus haut ; la scella de cire rouge empreinte du cachet de la fabrique à l'effigie du patron, saint Denis. Le procès-verbal de cette translation provisoire atteste que tout a été reconnu en parfaite conformité avec les procès-verbaux antérieurs. Il est daté du 23 août 1869.

Enfin, le 9 février 1870, M. Jean-Baptiste Thomas, archidiacre de l'église cathédrale, vicaire général du diocèse, se rend à Juvigny accompagné de l'archiprêtre de Montmédy. Il se fait présenter le coffret en bois ; reconnaît que les sceaux sont restés intacts ; puis, en présence de MM. Augustin Lemaire, curé de Han-les-Juvigny ; Nicolas-Jules Remy, aumônier du pensionnat des Frères de la Doctrine à Juvigny ; Michel, curé de Louppy, et du curé de la paroisse, retire les ossements de la Sainte, les examine avec soin, et les décrit minutieusement dans son procès-verbal de reconnaissance. M. le curé de Montmédy les place dans la châsse artistement transformée, dans l'ordre que l'on voit aujourd'hui, et sous le scellé de douze sceaux aux armes de Mgr Hacquard, évêque de Verdun. Le lendemain, 10 février, fête de sainte Scholastique, les nombreux pèlerins examinaient, avec une curiosité bien légitime, les grandes richesses de Juvigny.

Ainsi, en moins de trois quarts de siècle, après la révolution de 93, nous avons cinq attestations plus ou moins solennelles de l'authenticité des reliques de sainte Scholastique. Et, chose bien digne de remarque, toutes ont lieu dans une époque voisine de nos troubles politiques. La dernière, surtout, apparaît comme un fait particulièrement providentiel, quand on songe que dix mois après, l'église qui abrite ces restes sacrés, devint l'entrepôt général des munitions de guerre destinées, par nos ennemis, aux sièges des villes de Mézières et de Montmédy. Certes, nous étions loin de soupçonner que les réclamations des Bénédictins entraient dans les vues de la Providence, pour conserver à ce pèlerinage toute l'auréole de son antiquité. En effet, dans ces temps où l'impiété s'efforce d'arracher toute conviction du cœur des peuples, et de leur vie, toute pratique religieuse, n'aurait-elle pas pu arguer de l'occupation prussienne, pour attaquer le culte séculaire de sainte Scholastique, en contestant l'identité de ses reliques? Tandis qu'aujourd'hui tout soupçon est impossible : les yeux voient ce que les titres anciens et nouveaux attestent. Donc, ajouterons-nous, le doigt de Dieu est là. Les malheureux, les souffrants, pourront toujours venir, avec confiance, déposer leur prière au pied d'un sanctuaire que les événements rendent de plus en plus digne de nos respects.

La fête du 10 février fut bientôt suivie des plus vives inquiétudes. La guerre venait d'éclater entre la France et l'Allemagne. La victoire, depuis si longtemps tributaire des armées françaises, refusait de suivre leurs drapeaux. Déjà les ennemis, semblables à des nuées, avaient envahi le pays. Un capitaine d'artillerie était venu réclamer l'église pour en faire le dépôt des munitions de guerre! Que vont devenir les reliques de sainte Scholastique, se demandaient les habitants consternés ? Le passé avait légué des leçons de prévoyance : nous les suivîmes de notre mieux. Un ouvrier discret creusa nuitamment un tombeau dans une dépendance du presbytère ; nous y déposâmes la châsse. Mais, craignant les effets de l'humidité, nous l'en retirâmes bientôt, pour la porter dans la chapelle du pensionnat des Frères. (La renommée publiait que les Prussiens respectaient les maisons d'éducation.) Le Directeur nous proposa de tirer l'autel et de le repousser sur la relique, de manière que l'œil le mieux exercé aux recherches ne pourrait rien soupçonner. Nous refusâmes, préférant la mettre dans une armoire voisine. Le conseil pourtant était plus habile ; néanmoins la suite prouvera qu'à notre insu, nous étions plus prudent. Sur ces entrefaites, l'investissement de Montmédy avait lieu. Le pensionnat ressemblait à une caserne. Un officier subalterne de cette garnison se montrait aussi zélé pour affirmer sa haine de sectaire, que pour faire observer la discipline ; pourtant, la chapelle était respectée ! Ayant un jour trouvé quelques débris de papier où les enfants avaient écrit leurs vœux pour leur malheureuse patrie, le capitaine Pitan (c'était son nom) menaça de punir cette insolence patriotique par l'incendie de l'établissement. Bien qu'un major, au bon sens duquel nous avions soumis ces menaces, ait cherché à nous rassurer, la crainte tourmentait toujours notre cœur. Nous allâmes rechercher la châsse, dans la nuit du dimanche où nos vainqueurs fêtaient la reddition de la place de Montmédy. Trois semaines après cette translation, le cri *au feu !* retentissait vers dix heures du soir : C'était la chapelle qui était en flammes, par suite d'une cause inconnue. L'autel, les vases sacrés, les saintes espèces même, furent consumés. La Châsse était sauvée ! Si nous avions écouté l'avis du Directeur, — et sans les menaces du capitaine sectaire, il est plus que probable que nous eussions laissé les reliques longtemps encore au pensionnat ; car nous avions à craindre ou les insolences ou les fureurs de nos ennemis, selon que la bonne ou la mauvaise fortune les attendait sous les murs de Paris ; — aujourd'hui elles n'existeraient plus. Donc, encore une fois, nous redirons, avec la plus vive reconnaissance : « Le doigt de Dieu est là ! »

Ce dernier sauvetage, après tous les autres rapportés au cours de cette histoire, nous imposait une manifestation publique d'actions de grâces. L'occasion s'offrait tout naturellement, le 8 juin 1874, millième anniversaire de l'arrivée des reliques de sainte Scholastique au couvent. Pour donner à cette fête son véritable caractère et son éclat mérité, nous priâmes Mgr l'évêque de Verdun de vouloir bien la présider. Notre demande fut bien vite accordée. Le 7 au soir, Sa Grandeur, oubliant les fatigues de l'ordination, les fatigues plus récentes encore de la Fête-Dieu, arrivait dans la paroisse, déjà mouvementée par la présence des étrangers et les préparatifs du lendemain. Nos trois cloches, bénites depuis quelques semaines, envoient leurs premiers hymnes d'allégresse à notre Sainte et au Pontife. Peu de temps après, les élèves du pensionnat viennent, musique en tête, saluer Monseigneur, qui paraît heureux de voir les cœurs ainsi préparés. La nuit était belle. Dieu, qui autrefois avait mis la pluie d'orage au service de sainte Scholastique pour satisfaire son désir d'entendre parler du ciel, annonçait par ces étoiles qu'il favoriserait notre piété reconnaissante des plus brillants rayons de son soleil. Aussi, dès l'aube du jour, les pèlerins descendent les sentiers et les chemins des collines. Les rues se tapissent de verdure; des arcs de triomphe s'élèvent dans différentes parties du village; des oriflammes s'agitent doucement au souffle de la brise. Enfin, à dix heures, le Prélat, vêtu de ses plus riches ornements, entouré d'un clergé nombreux, célèbre le saint sacrifice de la messe avec toute la pompe du rite pontifical. (1)

Pour recevoir ces honneurs exceptionnels, l'église avait prêté toute l'étendue de sa voûte principale au pinceau de l'artiste qui, en 1866, avait complété les peintures du chœur.

Les Vêpres ne furent pas moins solen-

(1) On comptait environ trente-cinq prêtres

nelles. La foule paraissait encore s'être accrue, pour la procession qui devait suivre. Vers cinq heures, les cloches annoncent le départ ; des flots de peuple roulent comme des vagues ; l'ordre s'établit facilement derrière les bannières; quatre prêtres, enfants de Juvigny, chargent leurs épaules de la châsse et marchent lentement au milieu du cortège sacerdotal, que ferment Monseigneur et ses assistants (1). Pendant la marche, le chant des psaumes et des cantiques, entrecoupé par les joyeuses fanfares de la musique des Frères, retentit au loin et porte jusqu'au pied du trône où siège l'âme de sainte Scholastique, les amours du présent, les actions de grâces du passé et les espérances de l'avenir. Au retour, Notre-Seigneur Jésus-Christ bénit le Pontife, les prêtres et les fidèles visiblement unis par les liens de la charité, dont il est la source. Puis chacun se retire, emportant l'ineffaçable souvenir de cette belle fête, et sans doute aussi, la ferme résolution de travailler à son salut.

(1) MM. Thomas, vicaire général ; Henry, archiprêtre de Montmédy ; Husson, doyen de Dun.

O habitants de Juvigny, que de bouches, en ce jour, vous ont proclamés bienheureux de posséder de telles reliques ! Plus heureux encore vous serez, si vous savez toujours entendre la voix, qui de cette châsse vous crie : « Par le Baptême, en « vous comme en moi, le Seigneur a fait « de grandes choses. Evitez le péché qui « étouffe sa vie, défigure son image. Si, par « faiblesse ou par lâcheté, vous veniez à le « commettre, recourez au remède salutaire « de la penitence. Mettez dans votre âme et « le corps qu'elle anime, mettez par la sainte « Communion, le germe de cette gloire et de « ce bonheur dont je jouis à l'heure présente « et pour toujours. La foi, les vertus chré- « tiennes, la fidélité aux commandements « de Dieu et de l'Église : voilà ce qui a valu « à mes ossements desséchés les hommages « que vous venez de leur rendre. C'est par « là que vous arriverez vous-mêmes, sinon « aux honneurs publics des autels, du moins « à la patrie commune : au ciel. »

VIII

Grâces et guérisons obtenues par l'intercession de sainte Scholastique.

Ce n'est pas sans un but providentiel que les reliques de sainte Scholastique ont échappé aux injures du temps et plus spécialement encore aux dangers particuliers auxquels elles ont été exposées. Glorifier la pauvreté volontaire en face des cupidités du siècle, l'abnégation et la patience du cloître, en face de ses murmures, la beauté spirituelle et morale en face de ses entraînements sensualistes, tels furent, sans doute, les desseins de Dieu. Mais la sainteté honorée ne met pas seulement la volonté de l'homme en action pour son perfectionnement et pour la discipline de soi-même ; elle sollicite aussi les puissances du ciel à venir au secours de notre faiblesse, et guérit plus d'infirmités de l'âme que de maladies du corps. C'est donc en vue de nos intérêts spirituels que Dieu a voulu perpétuer, dans ces contrées, l'invocation de sainte Scholastique; et, pour atteindre plus sûrement cette fin, il l'associa à sa puissance et à sa bonté, en se déchargeant sur Elle du soin de consoler la douleur et de guérir la souffrance. Jésus-Christ n'affermissait-il pas le règne de sa vérité et de sa grâce par des miracles que sa toute-puissance opérait au profit des infirmités humaines? Quand il envoie ses Apôtres prêcher son évangile, ne leur donne-t-il pas ce pouvoir surhumain pour accréditer leur parole? Enfin, l'histoire de l'Eglise nous montre que Dieu n'a jamais dédaigné de fournir ces preuves irrécusables de la pureté de sa doctrine et de la sainteté de sa morale. Dès lors, il n'y a rien d'étonnant que les annales des pèlerinages renferment plus ou moins de ces faits se rattachant à l'ordre surnaturel. Juvigny a aussi les siens. Nous les rapporterons sous la foi historique, tels qu'ils se trouvent consignés dans les anciens manuscrits, bréviaires, livres pieux et liturgiques de l'ancienne abbaye. Le récit de ces faits merveilleux forme les légendes d'un office de sainte Scholastique approuvé en 1686 par Otton, évêque d'Azote, suffragant et vicaire général de l'illustrissime Archevêque et prince électeur de Trèves. Voici ce que nous lisons dans ce précieux document :

Une maladie grave avait tellement contracté les nerfs d'une femme, que depuis plusieurs années, elle marchait courbée, sans pouvoir regarder le ciel. Par surcroît, cette malheureuse avait perdu l'usage des mains. Ayant entendu publier la puissance de sainte Scholastique, elle sent sa confiance grandir à l'égal de son infortune ; et, sans plus tarder, elle entreprend le voyage de Juvigny. Arrivée enfin au sanctuaire béni, elle réclame à son tour assistance en mêlant ses larmes à ses prières. Sa foi ne tarde pas à être récompensée par une guérison complète. Joyeuse, elle s'avance jusqu'au pied de l'autel pour rendre à sa bienfaitrice ses plus vives actions de grâces.

Plus loin, c'est une jeune fille qui recouvre la vue après cinq années de cécité. Presqu'en même temps arrive ce fait non moins miraculeux :

Des malfaiteurs ayant tué un homme et voulant effacer jusqu'à la moindre trace de leur crime, jetèrent dans la Chière le cadavre, après l'avoir attaché à une pierre que deux hommes pouvaient à peine soulever. La pauvre veuve, inquiète, éplorée, vient, après quinze jours d'inutiles recherches, prier sainte Scholastique de lui faire connaître ce qu'était devenu son mari. Elle fait un vœu en son honneur pour obtenir plus sûrement la grâce qu'elle implore. Et voilà que, le jour même où elle accomplit sa promesse, la pierre et le corps de son époux apparaissent sur les flots.

Un homme possédé par l'esprit malin est subitement frappé d'une espèce d'aliénation mentale; il est en proie à d'affreuses convulsions ; son agitation est extrême. Sa famille éplorée le conduit au sanctuaire de sainte Scholastique. Aussitôt, le calme se fait dans les sens de l'épileptique ; il recouvre la jouissance de ses facultés intellectuelles et physiques. Au même moment arrive un enfant boiteux et muet; pour lui aussi la guérison est complète.

Enfin, un seigneur nommé Bernard, avait, par un vœu spécial, consacré sa fille au service de Dieu et de sainte Scholastique, Le démon jaloux lui suggère la pensée d'élever son enfant dans les habitudes du monde, pour lui ménager plus tard un mariage en rapport avec la noblesse de son rang. Au moment où il roulait dans son esprit son projet coupable, sa fille est saisie de violentes douleurs qui paralysent tous ses membres. Cette triste situation durait depuis six mois, quand enfin le père, rentrant en lui-même, se décide à réparer sa faute. Il amène donc sa fille au monastère de Juvigny; et là, en présence des saintes reliques, il donne à Dieu celle qu'il avait voulu réserver pour le monde. Trois jours après, la jeune vierge témoigne le désir de s'approcher du tombeau de sa nouvelle patronne. Aussitôt ses nerfs desséchés reprennent leur ancienne vigueur, la marche lui est rendue, et, seule, sans le secours d'un bras étranger, elle va se prosterner devant l'autel de la Sainte. Dans la suite, l'heureuse miraculée ne cessa de témoigner sa reconnaissance à sa bienfaitrice, en s'efforçant d'imiter ses vertus.

Ces guérisons, nous disent les légendes précitées, sont loin de renfermer tous les miracles accomplis dans l'abbaye de Juvigny. Elles suffisent néanmoins pour mon trer comment Dieu, dans ces temps reculés, se complaisait à répandre au loin le culte de sainte Scholastique.

Nous ne croirions pas avoir suffisamment rempli notre tâche, si nous nous contentions de ce simple exposé. L'existence du pèlerinage jusqu'à nos jours, l'affluence toujours croissante des pèlerins, la fête du millénaire dont nous avons parlé plus haut : n'est-ce pas là une preuve éclatante que la sœur de saint Benoît est toujours accessible à la commisération, et qu'elle puise encore, non moins largement, à la source des miséricordes ?

Dans son *Histoire de sainte Scholastique et de ses reliques*, imprimée en 1858, M. l'abbé Raulin dit qu'il lui eût été facile de rapporter bien des traits prodigieux, arrivés à une époque plus rapprochée de nous; mais qu'il ne crut pas devoir le faire, par respect pour des vivants. Nous regrettons ces scrupules. Il nous semble qu'en taisant les noms propres des personnes et les lieux quelles habitent, l'historien aurait largement satisfait aux bienséances publiques. Toutefois, malgré cette extrême réserve, il nous a laissé un témoignage frappant de la puissance d'intercession de sainte Scholastique. Il s'agit de ce terrible ministre de la justice de Dieu, « de ce fléau qui dérobe aux plus « habiles les secrets de sa nature, trompe « les plus vigilants par les surprises de son « action dévorante... et qui, nous laissant « raisonner, conjecturer, et nous contredire « sur ses causes, sur ses remèdes, sur ses « caractères et sur ses effets, saisit tout à « coup la vie dans sa force, dans sa fleur « pour la jeter toute palpitante dans les « ombres du trépas » : le choléra enfin.

Les contrées voisines sont envahies; il vient d'éclater à Juvigny; trois victimes tombent aux extrémités et au centre du village. Cette circonstance, remarquée par tous, cause un redoublement de frayeur.

Tous les cœurs se tournent vers la bien-aimée patronne.

Sur les instantes prières des fidèles, M. l'abbé Defrance, curé de la paroisse, sollicite et obtient de Mgr Rossat, évêque de Verdun, l'autorisation de faire avec les reliques une procession solennelle. Une foule compacte, unie dans les mêmes sentiments de confiance et d'amour, suit la châsse. On va de rue en rue, même dans les plus détournées; chacun réclame que la main puissante de sainte Scholastique marque la porte de sa maison du signe protecteur contre l'ange de la mort. A partir de ce jour, on eût dit que le fléau avait reçu la défense de frapper; car on n'eut plus à déplorer que deux victimes, déjà gravement atteintes de son souffle empoisonné, tandis qu'une population distante de trois kilomètres était plus que décimée.

Maintenant, qu'il nous soit permis, après vingt-deux années de ministère sous les regards de la Sainte, d'offrir au lecteur le récit des faits les plus saillants dont nous avons été ou le témoin, ou le confident. Nous les relatons à cause de leur caractère extraordinaire, sans prétendre les qualifier en aucune façon. L'autorité ecclésiastique est seule compétente en pareille matière; et chacun sait avec quelle prudence, avec quelle sévérité d'enquête, d'examen et de jugement, elle procède dans ces questions.

Une mère, désolée de voir que son enfant ne marchait pas, proposa à son époux de faire le pèlerinage de Juvigny. Celui-ci refusa d'abord : tant nos malheurs de la guerre avec la Prusse l'avaient aigri contre Dieu. La pauvre femme ne se déconcerte pas ; elle revient à la charge, insiste, et finit par obtenir un laisser-faire dédaigneux. Comme le trajet était long, elle prie une de ses amies de vouloir bien l'accompagner, afin de l'aider à porter son précieux fardeau. Arrivée là où sa confiance l'appelle, cette mère affligée supplie sainte Scholastique de jeter sur son enfant un regard de compassion.

Sa prière achevée, elle vient au presbytère chercher un de ces cordons bénits par le contact de la châsse, et qui servent à ceindre le cou ou les reins des malades.

En rentrant à l'église, quel n'est pas

son étonnement et sa joie en voyant son enfant quitter sa gardienne pour venir se jeter dans ses bras; vite elle accourt nous faire part de son bonheur.

Une jeune fille de douze à treize ans, en proie à une extrême agitation nerveuse et privée de la parole, fut amenée par ses parents à l'autel de sainte Scholastique. Les prières du pèlerinage terminées, la pieuse famille reprit la route de son pays. Ce jour-là, nous partîmes dans la même direction pour satisfaire aux devoirs de la piété filiale. Arrivé près de l'église du chef-lieu de canton, le père, qui nous avait reconnu, sortit de l'hôtel où il prenait quelque temps d'arrêt, vint à nous en s'écriant : « Monsieur le curé, notre pauvre petite parle maintenant, elle est guérie ! »

La reconnaissance, si bien justifiée, ramena plusieurs fois cette famille à Juvigny ; et toujours la jeune fille nous parut jouir d'une bonne santé.

Un enfant âgé de deux ans était atteint de convulsions depuis quatre mois. Les attaques étaient devenues si fréquentes et si violentes, que les parents attendaient de jour en jour son dernier soupir. Un médecin de la localité voisine avait donné ses soins, mais sans aucun résultat. Dans cette extrémité, la famille recourut à l'intercession de sainte Scholastique, et fit faire une neuvaine en son honneur. Le petit malade alla de mieux en mieux, à mesure que les jours de prières s'écoulaient; au septième, il fut entièrement guéri. Nous tenons ce récit du père et de la mère, qui n'ont pas hésité à le confirmer par leurs signatures.

Un autre enfant, âgé de huit ans, éprouvait chaque jour, depuis trois années, de nombreux accès de convulsions. Visites de médecin, consultations adressées aux pharmaciens de la ville, remèdes : rien n'avait été épargné; et tout fut inutile. Alors les parents songèrent à mettre l'enfant de l'association établie sous le patronage de sainte Scholastique. Trois jours ne s'étaient pas encore écoulés, que la santé était rendue au petit patient. Le père, la mère, une tante étant venues remercier leur bienfaitrice, donnèrent encore leurs signatures pour garantir la vérité du fait que nous rapportons.

Une jeune personne de dix-huit ans étant venue faire un pèlerinage d'actions de grâces à Juvigny, nous demanda la faveur de voir les saintes reliques. Voici, nous dit-elle, le motif de ma reconnaissance :

Je souffrais si horriblement d'un abcès à la gorge, que je tombai dans les convulsions. Ayant pu me procurer un cordon de sainte Scholastique, je le passai au plus vite à mon cou. Instantanément, mes douleurs cessèrent : l'abcès avait presque entièrement disparu. Le lendemain je reçus, comme de coutume, la visite de mon médecin ; il déclara que j'étais à peu près guérie. Mais la vue du cordon lui fournit l'occasion de dissimuler son étonnement par quelques mots de plaisanterie. Elle ajouta en souriant : J'appris bientôt que le docteur avait, dans cette circonstance, cédé maladroitement aux traditions professionnelles plutôt qu'à ses convictions; car il avait conduit lui-même sa famille au tombeau de sainte Scholastique.

A toutes ces citations, déjà bien suffisantes pour justifier la confiance des pèlerins dans la protection de notre sainte patronne, nous ajouterons une dernière relation, plus saisissante encore que celles qui précèdent.

Une demoiselle de vingt et quelques années vint, accompagnée de sa sœur et de sa mère, remercier sainte Scholastique de la guérison d'une maladie qui avait duré depuis le mois de juin 1866 jusqu'au 5 mars 1868 : deux années des plus cruelles souffrances, nous dit-elle. J'ai vu trois médecins; leur art est demeuré impuissant à calmer l'extrême irritation de mes nerfs. Mes membres me semblaient disloqués. Aussi, pour donner une idée de mon état aux docteurs, je leur disais : Représentez-vous le pêle-mêle d'allumettes chimiques tombées de haut, et vous comprendrez peut-être ma situation! Tantôt mes mains étaient froides comme le marbre, tant le sang avait peine à y circuler; tantôt elles étaient démesurément gonflées, par suite d'une irruption trop abondante. Mon visage était tout contracté et ma tête comme retournée. A ces douleurs physiques sont venues se joindre des douleurs morales impossibles à décrire. Les pensées les plus sombres, les plus affreuses, roulaient dans mon cerveau ; j'allai même jusqu'à vouloir réaliser celle du suicide. La piété, dont j'avais fait jusque-là mes délices, me semblait odieuse ; je déchirai mon oreiller pour en arracher une médaille de la sainte Vierge, que je soupçonnais cachée par ma sœur ou ma mère. Le bénitier suspendu à mon chevet ne fut pas respecté ; parfois même, chose horrible ! je me surprenais dans la pensée d'aller à l'église pour fouler aux pieds la sainte Eucharistie, ou dans le désir d'être en enfer, pour pouvoir blasphémer à mon aise ! Les bonnes Sœurs de la ville, qui souvent faisaient l'office de gardiennes près de moi, étaient effrayées de mon état. On me croyait possédée du démon. Mon cœur pourtant avait conservé assez de force pour désapprouver et mes pensées et mes paroles. Cependant, mon corps, accablé sous cette double croix, était à bout de force. J'étais tellement affaiblie, qu'il me fut bientôt impossible de quitter la chambre, et, peu après, le lit. Cet état ne pouvait se prolonger longtemps. Aussi les personnes qui me visitaient regardaient ma mort comme prochaine. C'est alors qu'une femme de la ville offrit à ma mère de me guérir.

« Eh ! que ferez-vous donc lui répondit-elle, puisque les médecins ne peuvent rien ? » Peu s'en fallut qu'elle ne vît là une insulte à sa douleur. « Les remèdes que je vous propose ne sont rien autre chose qu'un pèlerinage à sainte Scholastique, et une neuvaine en son honneur. » Cette fois, ma mère, croyant avoir à faire à l'un de ces personnages qui vivent aux dépens d'une excessive crédulité populaire, voulut connaître toutes ces pratiques religieuses, dont on affirmait l'efficacité si merveilleuse. Enfin, rassurée contre toute crainte de superstition, elle accepta les offres de cette femme. Tout ceci se passait à mon insu. Peu de jours après, je ressentis dans tout mon corps un travail extraordinaire. Pour la première fois depuis deux ans, je respirai à pleins poumons : j'étais guérie. Ma mère, folle de joie, me révèle alors ce dont elle était convenue avec cette étrangère pour obtenir ma guérison. « Eh bien, lui dis-je, ne dites mot à personne de ce qui se passe ; allez demander à cette femme quel jour elle pense commencer sa neuvaine. » Ma mère court, interroge, et la réponse est celle-ci : « Je l'ai commencée aujourd'hui ! »

En preuve de la véracité de sa parole, cette fille nous laissa son nom, celui de la ville et de la rue qu'elle habite. Elle avait fait vingt lieues pour venir remercier son insigne bienfaitrice ! Ainsi se trouve pleinement justifiée la pressante exhortation que saint Jean Chrysostome adressait aux fidèles de son temps, lorsqu'il leur disait : « Allons, allons visiter le corps des Saints, « toucher leur châsse, embrasser avec foi « leurs vénérables reliques, afin d'en ob- « tenir quelques bénédictions sur nous. » Enfin, saint Grégoire de Nazianze confirme les observations que nous avons faites au commencement de ce chapitre, par les paroles suivantes : « La poussière des « ossements des Saints, celle même de leurs « tombeaux, si nous les vénérons avec foi, « participent de la puissance de Dieu, qui « se plaît par leur intercession à soulager « les misères de l'âme et du corps, à écarter « les écueils contre lesquels notre faiblesse

« irait faire un déplorable naufrage, et à « nous communiquer les grâces nécessaires « dans la pénible course du temps vers le « port heureux de l'éternité.

IX

Association des petits enfants sous le patronage de sainte Scholastique.

Comme la plupart des pèlerinages, celui de Juvigny a son caractère particulier. Cela résulte de la nature de la maladie qui amène le plus grand nombre de pèlerins au tombeau de sainte Scholastique. Or, en groupant les faits que nous avons relatés dans le chapitre précédent, on remarquera que les douleurs nerveuses, les convulsions, sont le côté saillant de ces guérisons. Les petits enfants, plus exposés, à cause de leur âge, à ces cruelles affections, forment pour ainsi dire la clientèle privilégiée de notre Sainte. Nul autre patronage ne pouvait faire mieux ressortir la candeur de ses vertus. Pour eux, sa compassion est inépuisable; et, s'il faut en croire le témoignage des mères, la promesse de visiter son sanctuaire a suffi souvent pour soulager, et quelquefois même pour guérir les souffrances de leurs enfants. Mais, quelque précieuse que soit la ressource du pèlerinage en cas de maladie, nous avons voulu offrir aux pères et mères de famille un puissant moyen de les tranquilliser contre l'appréhension même de ces redoutables accès. Une association de petits enfants sous le patronage de sainte Scholastique nous a paru le moyen le plus efficace pour atteindre ce but. Personne n'ignore les solennels engagements que Jésus-Christ a pris à l'égard de ceux qui s'unissent dans la prière faite en son nom. Dès lors, il nous est bien permis de croire que sainte Scholastique intercédant en faveur de tous ces petits protégés, sera plus puissante sur le cœur de celui qui a dit: « Laissez venir à moi les petits enfants. » Aussi, dès que nous avons communiqué ce projet à Mgr l'évêque de Verdun, Sa Grandeur, daigna l'encourager; et le onze juin 1872, elle publiait en faveur de cette pieuse association l'ordonnance qui suit :

AUGUSTIN HACQUARD

Par la miséricorde divine et la grâce du Saint-Siège apostolique, évêque de Verdun. A tous ceux qui ces présentes verront et entendront salut et bénédiction en Notre-Seigneur Jésus-Christ.

Vu la supplique à Nous adressée par M. F.-A. Loison, curé de Juvigny-les-Dames, tendant à ce qu'il Nous plaise approuver et ériger, dans l'église de ladite paroisse, une pieuse association ayant le titre de *Association des petits enfants*, sous le patronage de sainte Scholastique ;

Vu les statuts et règlements de cette association, lesquels ne contiennent que des pratiques très utiles et des dispositions conformes à l'esprit de l'Eglise ;

Considérant le louable empressement des fidèles de la contrée à venir honorer les reliques de sainte Scholastique et réclamer sa puissante intercession, particulièrement contre cette cruelle maladie vulgairement nommée *convulsions ;*

Voulant, autant qu'il est en Nous, encourager cette légitime confiance en la protection de cette sainte patronne, contribuer à l'accroissement de son culte et, par là, procurer le bien des familles chrétiennes ;

Avons ordonné et ordonnons ce qui suit :

ART. PREMIER.

Une association des petits enfants depuis leur baptême jusqu'à l'âge de quatorze ans, sous le patronage de sainte Scholastique, est fondée dans l'église paroissiale de Juvigny-les-Dames, où sont les reliques de la Sainte.

ART. 2.

Le but de cette association est : 1° d'honorer et faire honorer sainte Scholastique, protectrice et bienfaitrice de ces contrées.

2° De préserver ou de guérir les petits enfants de ces affreuses douleurs, dites vulgairement *convulsions.*

3° D'obtenir, par l'intercession de cette sainte patronne, une éducation chrétienne à ces enfants.

ART. 3.

Une messe sera dite chaque mois à l'autel de sainte Scholastique pour tous les membres de l'association.

ART. 4.

Pour qu'un enfant soit admis dans l'association, il faut faire inscrire son nom, son âge, sur le registre de l'Œuvre, et verser une offrande de cinq francs, une fois payés. Les frères et sœurs que l'on voudrait associer auront droit aux mêmes avantages en versant une offrande d'un franc, chacun.

ART. 5.

Le produit de l'association, après le service des messes, est et sera toujours exclusivement employé à l'entretien de l'autel et du sanctuaire de sainte Scholastique et de l'église où résident ses reliques.

ART. 6.

L'emploi des fonds, tant pour assurer le service des messes que pour servir à l'entretien de l'autel de la Sainte, se fera sous la surveillance d'un conseil composé de cinq membres, nommés une première fois par Monseigneur l'évêque, et renouvelés ensuite par moitié, chaque trois ans, sous la présidence du curé de la paroisse.

Les statuts de cette œuvre, ainsi formulés et revêtus de l'approbation épiscopale, inspireront, nous aimons à le croire, une pleine et entière confiance aux familles chrétiennes. Elles se rappelleront que, les mérites de Notre-Seigneur Jésus-Christ étant infinis, l'application qui en est faite par le saint sacrifice de la messe, ne peut être amoindrie en raison du nombre des agrégés ; mais, au contraire, que l'association, d'après la promesse du Sauveur, est le moyen de l'obtenir plus sûrement et dans une plus large mesure.

Par ce petit opuscule, bienveillant lecteur, j'espère avoir satisfait votre légitime curiosité sur le pèlerinage de Juvigny. Le peu que l'histoire nous a conservé de la vie de sainte Scholastique, tout en excitant vos regrets, a pu néanmoins vous montrer les candeurs de ses vertus et attirer votre cœur vers le sien, si généreux dans le service de

Dieu. Vous avez, sans doute, aussi admiré avec quelle constante sollicitude la divine Providence a veillé à la conservation des reliques de cette fidèle épouse de Jésus-Christ. Enfin, les nombreuses guérisons que nous avons rapportées ont affermi et développé votre confiance dans la puissante intercession de notre Sainte. Toutefois, je ne croirais pas avoir suffisamment rempli ma tâche, si je ne vous offrais, sous forme de neuvaine, quelques pieuses réflexions qui pourront vous encourager à travailler plus efficacement à votre salut.

Fêtes du pèlerinage.

1° Le 10 février, jour de la mort de sainte Scholastique et de l'entrée bienheureuse de son âme dans le ciel.

2° La sainte Trinité, en mémoire de l'arrivée des saintes reliques au couvent fondé par la reine Richilde.

3° Le premier dimanche de septembre, en souvenir du retour des reliques à Juvigny en 1801, données à la paroisse par Mme Marie-Louise-Victoire de Wassinhac-d'Imécourt, dernière abbesse.

COURTES MÉDITATIONS

POUR

UNE NEUVAINE

Courtes méditations pour une neuvaine

PREMIER JOUR

NOUS DEVONS ÊTRE SAINTS, EN NOTRE QUALITÉ DE CRÉATURES RAISONNABLES FORMÉES A L'IMAGE DE DIEU.

A tous les hommes, la sainteté s'impose comme la conséquence rigoureuse de leur noble origine et de leur glorieuse destinée.

Le sens intime nous avertit que nous sommes aussi étrangers au fait de notre apparition dans le monde que nous le sommes à l'existence des œuvres de la création. Nous nous agitons, il est vrai, dans la main de notre conseil ; mais notre vie dépend du bon plaisir de Dieu. Qui ne s'est pas trouvé, un jour ou l'autre, dans l'occasion de s'écrier : « Seigneur, délivrez-moi des horreurs du tombeau ? » Qui n'a pas éprouvé la vérité de ces paroles : *L'homme plante, sème, arrose; Dieu seul donne l'accroissement et les fruits de la moisson?* Enfin, qui a jamais donné un démenti à ces autres paroles : *Personne ne peut ajouter une seule coudée à sa taille, ni empêcher un seul cheveu de tomber de sa tête?*

Cette dépendance ne doit pas nous attrister; car elle est tout à notre honneur et à notre avantage. Pour s'en convaincre, il suffit de lire l'acte authentique de la naissance du chef de la famille humaine, au verset vingt-sixième du premier chapitre de la Genèse. Le firmament, la terre, les plantes, les animaux venaient de sortir du néant, sur l'ordre de Dieu, et le monde était comme un palais somptueusement meublé dans l'attente d'un seigneur et maître. C'est alors qu'Adam y fit son entrée, portant dans son corps formé du limon une âme immortelle, et, dans cette âme immortelle, l'image de Dieu, et, dans cette image, la puissance de voir et de posséder Dieu un jour, de vivre de sa vie et de jouir de sa félicité souveraine.

Par ces prérogatives à nulle autre pareilles, notre premier père se trouva placé, dans la hiérarchie des êtres, un peu au-dessous des anges. En retour, il dut rendre au Créateur l'universelle louange, parce que seul il avait reçu une intelligence pour le connaître, un cœur pour l'aimer et une volonté maîtresse d'elle-même pour le servir et l'adorer. Ajoutons que ses sens, dans une simplicité parfaite, ne troublaient pas la limpidité de son âme. C'est pourquoi Dieu, jetant un regard d'ensemble sur toutes ses œuvres, les avait trouvées très bonnes. Hélas! cet état de choses fut de courte durée. Soumis à une épreuve, Adam s'y montra inégal, malgré les dons naturels et surnaturels dont il avait été enrichi. Il viola le commandement divin, sanctionné par des promesses et des menaces pleines de gravité Ainsi, l'alliance avec Dieu fut rompue: sa raison restera désormais obscurcie, sa volonté portée au mal, sa liberté blessée et affaiblie. C'est déjà la mort succédant à la vie, en attendant celle du tombeau et de l'éternité. Mais, ô bonté infinie, le coupable broyé sous les coups de la justice pourra encore répondre à sa vocation native, par le Rédempteur qui lui est promis !

Fils d'Adam, nous ne sommes pas plus que lui notre principe, notre règle, notre fin. Héritiers de sa chute, nous en portons les ruines ; de grâce, acceptons-en les espérances. Donnons à nos affaires, à notre commerce, à la culture de nos champs, les soins nécessaires, sans perdre jamais de vue le ciel, pour lequel nous avons été créés.

O mon Dieu, faites-moi souvenir tous les jours de ma vie, qu'en me mettant de passage sur cette terre, vous avez eu pour but suprême de me ménager les moyens de sanctifier mon âme. Sa nature, ses prérogatives, ses aspirations ne comportent pas d'autre destinée que la possession de vous-même, sous peine de partager l'éternel malheur des anges rebelles.

Sainte Scholastique, obtenez-moi la grâce de ne jamais faillir aux devoirs que m'impose mon origine divine.

DEUXIÈME JOUR

NOUS DEVONS ÊTRE SAINTS, PARCE QUE NOUS SOMMES CHRÉTIENS

Si nous devons être saints en tant que créatures formées à l'image de Dieu et élevées à l'ordre surnaturel, nous devons l'être, à plus forte raison, en notre qualité de chrétiens. Toutefois, nous ne sommes pas tenus à cette sainteté héroïque que l'Eglise honore d'un culte public, mais à la sainteté ordinaire, qui résulte de l'observance des commandements de Dieu et de l'Eglise.

Le Baptême nous tire de notre vie d'Adam pour nous faire contracter une vie toute divine. Dieu ne communique pas seulement à l'âme sa grâce, sa charité et ses autres vertus; mais il lui donne son Esprit, selon ces paroles de saint Paul : *L'amour de Dieu a été répandu dans nos cœurs par le Saint-Esprit qui nous a été donné.* (Rom., v, 5.) Avec l'Esprit se trouvent le Père et le Fils, en vertu de leur union personnelle dans une même nature divine. C'est pourquoi Notre-Seigneur, parlant de tout homme justifié, dit : *Nous viendrons à lui, et nous ferons en lui notre demeure.* (Saint Jean, xiv, 23.) Il y a plus encore que cette habitation mystérieuse ; et la formule du sacrement nous indique une action propre à chaque personne divine dans la communication de la vie surnaturelle qui nous est faite. Le Père nous adopte pour ses enfants et ses héritiers ; le Fils nous accepte comme ses frères, et le Saint-Esprit nous choisit pour ses temples. L'apôtre saint Paul confirme ainsi cette doctrine : *Ceux qu'il a connus dans sa prescience, il les a aussi prédestinés pour être conformes à l'image de son Fils, afin qu'il fût lui-même le premier-né entre plusieurs frères.* De ces titres glorieux résulte, pour chacun de nous, la stricte obligation d'être saint : *Soyez parfaits comme votre Père céleste est parfait.* C'est, du reste, ce que nous confessons chaque jour par ces paroles de l'Oraison dominicale : *Que votre nom soit sanctifié ; que votre règne arrive.* En effet, sanctifier le nom de Dieu, c'est l'honorer par nos pensées, nos désirs, nos paroles et nos actions ; c'est mener une vie en tous points conforme au christianisme que nous professons.

Frères et cohéritiers de Jésus-Christ, nous avons avec lui une vie si intime, qu'il se compare à une vigne dont nous sommes les branches. (Saint Jean, xv, 5.) Il nous communique la sève divine de sa grâce, en attendant qu'il nous fasse entrer en communauté du sang par la sainte communion. Une si merveilleuse fraternité entraîne nécessairement la plus grande solidarité ; de sorte qu'en tout et toujours, nous devons nous montrer dignes de notre frère aîné, sous peine de forfaire à l'honneur de famille, ainsi qu'aux engagements les plus sacrés. Travaillons donc, dans la mesure de nos forces, à pouvoir dire comme l'apôtre saint Paul : *Ce n'est pas moi qui vis, mais Jésus-Christ qui vit en moi.* Dans cette disposition, nous éviterons ces alternatives continuelles de bien et de mal, sans rien de soutenu ni de persévérant. Nos actions, même les plus ordinaires, seront faites sous le regard de Dieu et avec pureté d'intention, de sorte que Notre-Seigneur pourra dire de nous : *Je suis glorifié en eux.* (Saint Jean, xvii, 10.) Enfin, comme temples du Saint-Esprit, nous devons être saints. *Ne savez-vous pas que vous êtes le temple de Dieu, et que l'Esprit de Dieu est en vous?* dit l'apôtre saint Paul aux Corinthiens. (I, III, 16.) Qu'est-ce qu'un temple? C'est un édifice à part, consacré à la Divinité, dans lequel des choses saintes s'accomplissent, et qui doit être fermé aux choses purement profanes. En conséquence, que notre âme soit toujours ornée de la grâce sanctifiante ; et que notre corps lui-même, affranchi de la tyrannie des sens, prête son concours pour la pratique des vertus chrétiennes.

Divin Jésus, dont le nom fait fléchir tout genou au ciel, sur la terre et dans les enfers, ne permettez pas que je déshonore le mien, diminutif du vôtre, en pactisant avec le monde dans ses maximes, contemptrices de votre foi, dans ses joies et ses plaisirs, négation de votre morale. Que le souvenir de mon baptême m'épargne la honte d'échanger votre service royal contre l'esclavage du démon.

Sainte Scholastique, vous qui jamais ne vîtes dans la noblesse du sang, dans les honneurs du rang, dans la richesse de famille, la moindre compensation aux avantages de votre baptême, priez Dieu pour que je porte toujours sans peur et sans reproche mon titre de chrétien.

TROISIÈME JOUR

CE QUE JÉSUS-CHRIST A FAIT POUR NOUS RENDRE LE SALUT POSSIBLE EN PROUVE L'IMPORTANCE.

Il résulte des considérations précédentes que la sainteté n'est facultative pour personne, bien que sa réalisation soit laissée au bon vouloir du libre arbitre de chacun. De même qu'Adam a pu, à son grand détriment, détruire en partie l'œuvre de Dieu, sans pour cela changer la nature et les divines aptitudes de son âme : ainsi nous pouvons, à notre tour, ne pas profiter de la noble condition dans laquelle le Baptême nous a placés. Toutefois, il ne nous est pas loisible d'en sortir, parce que le caractère que ce sacrement a gravé dans notre âme restera l'éternel témoin des miséricordes divines à notre égard. Pour éviter cet irréparable malheur, Jésus-Christ nous conjure de chercher avant tout le royaume des cieux, assurant que le reste nous sera donné par surcroît.

Ce n'est pas qu'il condamne une attache modérée aux biens de ce monde; il nous permet d'en user avec mesure et prudence; ce qu'il blâme, c'est leur poursuite passionnée et la jouissance sensuelle dans leur possession comme s'ils étaient notre fin dernière. Est-ce que tout ici bas ne se mesure point au cercueil, au lieu que la mort ouvre à tous l'éternité? Y pense-t-il le riche qui fait son Dieu de ses trésors? L'ouvrier qui, sous prétexte de subvenir aux besoins de sa famille, dérobe au Seigneur le jour qu'il s'est réservé?... Y pense-t-il ce jeune homme qui fait des plus belles années de la vie, l'art d'assouvir les sens dans ces plaisirs où font naufrage l'intelligence et l'honneur, derniers débris de la grandeur humaine? Y pense-t-elle cette jeune fille dont toutes les pensées sont pour les frivolités du luxe, pièges de la plus délicate des vertus? Les excuses à l'aide desquelles chacun cherche à justifier sa conduite ne peuvent rien contre cette inflexible vérité: « Une seule chose est nécessaire. » Il est incontestable que cette seule chose est le salut, puisque tout le reste finit à la mort.

Oh ! sans doute, on peut opposer sa liberté à l'autorité divine ; on peut faire le brave contre Dieu ; on peut même le chasser des affaires de sa vie ; mais tenons pour certain qu'il y rentrera toujours par quelque côté, pour menacer de son Eternité !

Songeons que le Fils de Dieu, pour nous rendre le salut possible, ne recula pas devant les humiliations de la crèche, la pauvreté et les labeurs de trente-trois années, et les horribles tourments de la croix. Et pourtant, il pouvait se désintéresser de nous, sans rien perdre de sa félicité souveraine ! Depuis, et cela jusqu'à la fin du monde, il est dans la sainte Eucharistie, où il n'a pas même voulu conserver le moindre vestige de l'homme. S'il y reçoit des adorations et des hommages d'amour, les indifférences, les railleries, les outrages, les attentats sacrilèges ne lui sont pas épargnés. Il y est à la merci du prêtre, qui dispose de lui, de son honneur et de sa gloire ici-bas, selon qu'il sait porter le poids redoutable du sacerdoce avec plus ou moins de sainteté.

Enfin, pour que les hommes ne soient jamais privés des moyens de sanctification, Jésus-Christ a établi la sainte Eglise, lui a confié sa doctrine, sa vérité et son infaillibilité, sa grâce et ses sacrements, tant qu'il y aura une âme à sauver. Comment se fait-il, après cela, que tant de chrétiens restent indifférents à l'importante affaire du salut ? A l'encontre de la pressante exhortation du Sauveur, ils cherchent tout, excepté le royaume des cieux ! Plusieurs trouvent que l'Evangile n'est plus de mode ; que sa morale trop austère n'est plus compatible avec les besoins de l'époque ; que sais-je? Comme si tous ces vains mots pouvaient infirmer ces paroles de Notre-Seigneur : *Le ciel et la terre passeront ; mais mes paroles ne passeront pas !*

Donc, il sera toujours vrai de dire qu'une seule chose est nécessaire ; toujours vrai, qu'il faut avant tout chercher le royaume des cieux. Est-ce ainsi que nous agissons ?

Ne permettez pas, ô mon Dieu, que je m'abuse au point de laisser prévaloir mes goûts, mes caprices, mes passions peut-être, sur les enseignements que la sainte Eglise, épouse de Jésus-Christ, votre Fils, m'a prodigués dès mon enfance, pour m'apprendre à vous connaître, à vous aimer et à vous servir. Si jamais je venais à me laisser entraîner par les âpres désirs des richesses, des honneurs, des jouissances et des plaisirs, rappelez-moi souvent ces paroles : « Que sert à l'homme d'avoir gagné le monde, s'il vient à perdre son âme ? »

Sainte Scholastique, vous qui avez renoncé aux biens de la fortune, que la divine Providence vous avait si libéralement donnés, pour consacrer votre vie à la recherche du ciel, obtenez-moi la grâce de travailler comme vous à mon salut, sinon dans la même mesure, du moins avec la même constance.

QUATRIÈME JOUR

FUTILITÉ ET DANGERS DES RAISONS QU'ON ALLÈGUE POUR DIFFÉRER DE TRAVAILLER A SON SALUT.

RECONNAITRE les droits de Dieu sur nous et confesser nos obligations envers lui, n'est pas chose rare, ni difficile ; mais remplir toutes les conditions auxquelles il attache notre salut, voilà qui est moins fréquent. La foi et la pratique sont souvent en contradiction. On accuse le défaut de temps, au lieu d'accuser seulement sa nonchalance. On allègue les difficultés qu'on rencontre dans la pratique de la vertu, comme si l'on n'avait pas sous la main tout ce qu'il faut pour les surmonter. Et, parce que l'on ne veut pas combattre ses passions, on crie à l'impossibilité. On se tranquillise en disant : *Plus tard, à la mort, je me convertirai.*

Examinons les dangers que recèle une telle résolution.

Il est inutile de nous attarder à démontrer combien ce délai outrage Dieu. En effet, spéculer sur la patience et la bonté divines pour s'autoriser à méconnaître les engagements de son Baptême, n'est-ce pas ajouter l'insulte à la plus noire ingratitude? Arrêtons-nous aux considérations suivantes : elles touchent à nos intérêts.

A la mort, on sera chrétien pratiquant. C'est possible, mais cela n'est pas sûr; et voici pourquoi. Les surprises dont nous sommes si souvent témoins nous prouvent que nous ne savons ni le jour ni l'heure de notre sortie de ce monde. Rendre son âme à Dieu dans une pureté suffisante pour être assuré de son salut n'est pas une grâce ordinaire. C'est une faveur spéciale, que l'on ne mérite guère par de longues années d'entêtement à repousser les reproches de la conscience, réclamant sans cesse l'observation du devoir. Je sais que la miséricorde aime à se tenir debout au chevet du lit des dernières souffrances; mais je ne puis non plus oublier que la justice y assiste aussi, réclamant ses droits. Il est surtout à craindre qu'on ne fasse soi-même défaut à la bonté divine, si tardivement invoquée. Serait-il étonnant qu'une âme courbée depuis si longtemps sur la terre, par les préoccupations des affaires, par tous ces travaux matériels et quelquefois grossiers, descendue plus bas encore par la tyrannie des passions; déshabituée de toute pratique religieuse, même de la prière; serait-il étonnant, encore une fois, qu'une telle âme se trouvât impuissante à ranimer dans un cœur glacé l'étincelle de charité nécessaire au pardon offert par l'absolution du prêtre? C'est le secret de Dieu. Quoi qu'il en soit, ce n'est pas une garantie suffisante pour nous encourager à faire ainsi notre entrée dans l'Eternité.

Je n'attendrai point, dira-t-on, cette extrémité pour me mettre en mesure de paraître au tribunal de Dieu. Oui, on parle ainsi en bonne santé; mais, la maladie arrivée, on se fait mainte illusion sur le danger; et ceux qui devraient prudemment le dissiper, l'aggravent encore en inspirant une fausse confiance dans les remèdes et dans le temps!

On dit aussi qu'un bon acte de contrition suffit pour rentrer en grâce avec Dieu. C'est vrai; seulement, cet acte réconciliateur est plus l'œuvre du Saint-Esprit que la nôtre. Sera-t-il assez ardent, assez pur, pour consumer les idoles que l'on a adorées, et pour aimer Celui que jusque-là on a méconnu, outragé? Peut-être!!!

Souvenez-vous de la parabole où Jésus-Christ fait aux vierges peu vigilantes cette terrible réponse : *Je vous dis en vérité, je ne vous connais pas* (1). Ecoutons encore la réponse qu'il fit à cet homme qui l'interrogeait sur le nombre des élus : *Efforcez-vous d'entrer par la porte étroite ; car plusieurs chercheront à entrer, et ils ne pourront pas* (2).

Avant de mourir, ô mon Sauveur, vous avez poussé ce cri : *J'ai soif.* C'était le violent désir de sauver les âmes qui achevait votre mort sur la croix. Je prends aujourd'hui la résolution de ne plus vous offrir les amertumes du délai de ma conversion. C'en est fait, Seigneur ; chaque année, j'irai implorer le pardon de mes péchés, en me jetant à vos pieds dans la personne du prêtre, dépositaire de vos pouvoirs. Vous rafraichirez mon âme de votre sang ; vous lui donnerez de la vigueur par votre corps devenu nourriture. Et quand, à mon tour, il me faudra boire le calice de la mort, vous viendrez me désaltérer par le saint Viatique et me réconforter par le sacrement des malades.

Sainte Scholastique, dont la mort a été si douce parce que la vie a été si pure, obtenez-moi la grâce de trouver ce passage moins redoutable, par une fidélité constante aux promesses de mon Baptême.

(1) Matth., xxv, 12.
(2) Luc., xiii, 24-25.

CINQUIÈME JOUR

CARACTÈRES ODIEUX ET CONSÉQUENCES DU PÉCHÉ

La dépravation qu'Adam ressentit dans son âme et dans son corps, après son péché, fut si grande, que le rouge lui monta au front, et qu'il chercha à se dérober aux regards de son Dieu et Père. Sous ce rapport, Jésus-Christ n'a rien changé, si ce n'est au point de vue de l'Eternité et en nous donnant le moyen de rendre expiatoire et même méritoire le châtiment primitif. Toutefois, la restauration qu'il accomplit surpasse en richesses spirituelles notre justice originelle, au point que l'Eglise n'hésite pas à proclamer heureuse la *faute* qui nous a valu un tel rédempteur. Il nous laisse les sueurs du travail, des souffrances, de la maladie et de la mort, l'ignorance et la concupiscence, comme preuves irrécusables du caractère odieux du péché et de ses funestes conséquences. Hélas ! témoins et victimes à la fois de l'inexorable sanction de la loi divine, il nous arrive encore fréquemment de la violer, et de persévérer dans cet état de révolte avec une sécurité parfaite.

Essayons de montrer la criminalité du péché en général, par sa nature et par ses effets.

Le péché est une désobéissance volontaire à la loi de Dieu, malgré la désapprobation de la conscience. C'est la créature raisonnable qui, comme nous l'avons dit plus haut, devant transmettre au Créateur l'universelle adoration et l'universel amour, entraîne violemment tous les êtres inférieurs dans la rebellion. C'est le crime de lèse-majesté au premier titre. De plus, le péché est la négation directe du Vrai, du Bien, du Beau, c'est-à-dire, de l'Etre par excellence ou de Dieu. C'est une tentative audacieuse de déicide de la part de l'homme, que l'Ecriture sainte appelle cendre et poussière et qui n'existe et ne vit que par la bonté divine. Il tourne contre son bienfaiteur les dons merveilleux qu'il en a reçus.

Au point de vue de l'Incarnation et des conséquences qui en résultent pour nous, le péché est une ingratitude sans nom, et renferme les plus sacrilèges abominations ! En effet, filiation divine, fraternité avec Jésus-Christ, temple spirituel du Saint-Esprit, tout est profané. L'âme devient comme le repaire du démon, qui l'opprime sous la tyrannie du vice, en lui faisant aimer sa honteuse servitude sous le nom menteur de la liberté.

Considéré dans ses effets, le péché est la chose du monde la plus exécrable. A cause de lui, l'homme mange son pain à la sueur de son front depuis six mille ans ! Après avoir disputé sa vie à toutes sortes de misères et de souffrances, il faut qu'il succombe dans les cruelles angoisses de l'agonie, qu'il dise adieu aux personnes les plus chères, à ses honneurs, à ses biens, à son corps lui-même qui, après avoir été tant flatté, devient la pâture des vers. Noblesse, science, richesses, puissance : rien ne peut soustraire à cette commune et terrible destinée. La mort, voilà le salaire du péché ; et au delà du tombeau, reste encore l'Eternité, qui réunira dans un même châtiment le corps et l'âme du réprouvé.

Le péché des Anges a creusé l'enfer. Le chef de ces légions révoltées, Lucifer, était doué d'une intelligence si pénétrante, d'une science si vaste, d'une sagesse si profonde, et d'un cœur si ardent, que l'Esprit-Saint lui-même prenait complaisance à en décrire les perfections.

Un jour, épris d'un fol orgueil, ce prince de la milice céleste se crut assez près de Dieu pour n'avoir qu'un pas à faire afin de l'égaler en tout. « Je monterai, s'écria-t-il, et je serai semblable au Très-Haut. » A ce cri séditieux, l'Archange saint Michel opposa celui du ralliement et de la soumission : « Qui est semblable à Dieu ? » Ce fut le coup de foudre qui terrassa Lucifer et ses légions dans les flammes éternelles, où ils subiront toujours les plus affreux supplices dans l'intelligence par les ténèbres, dans le cœur par la haine du bien, dans la volonté par la passion de perdre les âmes.

Enfin, une seule fois le péché put agir dans toute la force de sa malice ; alors le monde épouvanté eut le spectacle de Jésus-Christ crucifié ! Il fut vaincu, parce qu'il se heurtait à la vérité et à la vie. Pour nous, les blessures qu'il nous fait ne peuvent être guéries que par la pénitence.

Le péché étant par sa nature un attentat contre vous, ô mon Dieu, je comprends pourquoi vous l'avez frappé dans le ciel, sans égard au nombre et à la qualité des rebelles ; pourquoi, sur la terre, cette menace : « Tu mourras de mort », s'est réalisée sur le coupable et se réalise tous les jours sur ses enfants.

Mais depuis que Jésus-Christ, votre Fils, est

mort sur la croix, j'ai plus à craindre encore de votre justice si je refuse d'user du remède inventé par la grande miséricorde de mon Sauveur.

Sainte Scholastique, obtenez-moi la grâce de recouvrer l'innocence de mon Baptême par les larmes de la pénitence, afin que je puisse rendre mon âme à Dieu dans la douce espérance de le posséder éternellement avec vous.

SIXIÈME JOUR

L'AUDITION DE LA PAROLE DE DIEU EST UN PUISSANT MOYEN DE SALUT

L'HOMME ne vit pas seulement de pain, a dit Notre-Seigneur Jésus-Christ, mais de toute parole qui sort de la bouche de Dieu. On ne pouvait proclamer plus énergiquement la nécessité, pour notre âme, de la parole évangélique. Quelle indifférence, cependant, la plupart des hommes montrent à venir l'entendre ! Et parmi ses auditeurs, combien sont insouciants de la mettre en pratique ! Nous consacrerons ce sixième entretien à en montrer la sainteté et les précieux avantages.

Comme mon Père m'a envoyé, je vous envoie ; allez, enseignez toutes les nations ; celui qui vous écoute m'écoute, celui qui vous méprise me méprise. Telles sont les paroles que Jésus-Christ adressa à ses apôtres en leur confiant la mission de prêcher son Evangile. Or, il est lui-même le Verbe ou la parole éternellement engendrée dans le sein du Père. C'est pourquoi, il dit encore : *Ma doctrine n'est pas de moi, mais de Celui qui m'a envoyé.* D'où il résulte que la parole évangélique est, d'après les saints docteurs, une incarnation du Verbe sous les caractères dont se servent les hommes pour exprimer leurs pensées, comme les espèces du pain et du vin servent à nous donner le corps et le sang du Sauveur dans la Communion. Et saint Augustin, suivant cet ordre d'idées, n'hésite point à dire que la parole de Dieu n'a pas moins de droits à nos respects que la sainte Eucharistie. Aussi l'Eglise, qui en est la dépositaire infaillible, doit nous la transmettre sans altération, sans l'accommoder aux exigences de nos intérêts, de nos caprices ou de nos passions. Elle ne peut en aucune façon souscrire à tous ces compromis de l'opinion, plus ou moins révoltée contre l'enseignement divin. A toutes ces prétentions d'indulgence pour les erreurs et les vices du siècle, elle ne peut que répondre à son tour : *Ma doctrine n'est pas de moi, mais de Celui qui m'a envoyée.*

Cette doctrine, il est vrai, est annoncée par des hommes, qui peuvent y mêler leurs faiblesses, leur ignorance ; elle n'en demeure pas moins l'enseignement divin.

Oui, le prédicateur est un homme, mais un homme, dit saint Paul, qui remplit les fonctions d'ambassadeur de Jésus-Christ. Quand un ambassadeur parle, on fait moins attention à la forme plus ou moins gracieuse de son discours, qu'à la majesté du prince au nom duquel il parle. De même, dans le ministre de la parole sainte, nous ne devons voir que le lieutenant de Jésus-Christ qui parle par sa bouche : *Celui qui vous écoute, m'écoute.* Ce n'est donc pas une fonction vulgaire que remplit le prêtre lorsqu'il prêche ; ce n'est pas pour obéir à la consigne d'un parti ; ce n'est pas sa manière de voir qu'il expose.

L'Evangile est, pour tout homme qui vient en ce monde, la lumière qui guide ses pas, en lui faisant connaître ce qu'il est, où il va ; en lui apprenant que tous les actes de sa vie fugitive l'engagent pour l'éternité. Dès lors, il ne marche point en aveugle vers la mort, exclusivement absorbé dans des préoccupations naturelles, ou à la recherche des jouissances sensuelles. D'une part, il montre à l'âme le faux des plaisirs terrestres, le néant des richesses, l'illusion de la gloire, et redresse les jugements erronés de nos passions et de nos sens corrompus. D'autre part, il fait briller à nos yeux les lumières pures de la foi, ramène le feu de la vie dans les âmes mortes par le péché et fait brûler la charité là où brûlait la passion. Toujours vif et efficace, il pénètre comme un glaive à deux tranchants jusqu'à la division de l'âme ; il révèle, à travers les plis et replis du cœur, les attaches secrètes, les imperfections volontaires. Que de pécheurs lui doivent leur conversion ! Que de tièdes lui doivent une vie meilleure !

Grand Dieu, qui daignez vous abaisser jusqu'à me parler pour me donner des nouvelles du ciel, ma patrie, et des leçons sur les moyens d'y arriver, faites que je vous écoute toujours avec une docilité parfaite. Que votre parole pénètre non seulement dans l'entendement, là ou les yeux ne voient que l'apparence, où les oreilles n'entendent que le son, la mémoire ne conserve que les enveloppes ; mais dans cette partie secrète du cœur qui adore la vérité, la goûte et la conserve ; là enfin, non où se forment les jugements, mais où se prennent les résolutions.

Sainte Scholastique, qui vous êtes montrée si fidèle écolière de Dieu, si passionnée pour sa parole que vous transmettait votre saint frère, obtenez-moi la grâce que ni les préjugés, ni le sensualisme, ni le respect humain, ne m'empêchent de suivre le conseil de saint Jacques qui me dit : *Mettez en pratique la divine parole et ne vous bornez pas à l'entendre ; ce serait vous tromper vous-mêmes* (I, 22).

SEPTIÈME JOUR

LA PRIÈRE EST UN MOYEN EFFICACE DU SALUT

La prière n'est pas moins nécessaire à la vie chrétienne que l'audition attentive et la mise en pratique de la parole divine. Nous devons, en conséquence de notre baptême, nous revêtir de Jésus-Christ, l'homme nouveau, dans la justice et la sainteté véritables. Nos œuvres, dit saint Jean Chrysostome, doivent être pures, saintes et dignes d'une intelligence céleste, parce que nous ne devons plus porter l'image de l'homme terrestre. Mais l'intervalle qui nous sépare du ciel est grand, immense ; et notre nature transfigurée par la grâce n'est pas changée quant au fond ; elle conserve toujours une violente propension au péché. Quelle guerre à soutenir! Que de pièges nous environnent ! Que de filets jetés devant nos pas! L'entreprise est vraiment au-dessus de nos forces. Mais dans l'ordre de la Providence, nous ne recevons ordinairement le secours divin qu'autant que nous le sollicitons, suivant cette parole du Sauveur : *Demandez et vous recevrez.* De là l'insistance qu'il met à recommander la prière à ses apôtres : *Demandez sans cesse, cherchez et vous trouverez, frappez et il vous sera ouvert.* Bien plus, il leur a enseigné une formule répondant aux besoins de l'âme et du corps et dans laquelle, pour mieux exciter leur confiance, ils donnent à Dieu le nom de Père. Enfin, faisant appel à leur propre cœur, il dit : « Si donc vous savez donner ce qui est bon à vos enfants, combien plus votre Père, qui est dans les cieux, donnera-t-il ce qui est bon à celui qui le lui demande ? » (Saint Matth., VII, 11.) Or, tout ce qui contribue à la gloire de Dieu, à notre salut et à celui du prochain, est bon : demandons-le avec humilité, confiance et persévérance. Demandons encore, si nous voulons, les biens temporels ; mais que ce soit toujours avec une entière soumission à la volonté divine, car c'est dans cet ordre de choses qu'il faut dire avec Jésus-Christ : « Père, que votre volonté soit faite, et non la mienne. »

La prière conserve en nous le sentiment et l'habitude du surnaturel, parce qu'elle nous unit à Dieu dans un même esprit. Par elle, l'âme échappe au terre-à-terre du grossier sensualisme, auquel elle est inclinée depuis le péché originel. Au lieu de promener toutes ses affections de créature en créature, elle s'élève à ces hauteurs où, comme pénétrée d'une lumière céleste, elle se connait mieux, voit les taches et les vices qui la défigurent, demande et obtient la grâce de les faire disparaître. Et si, parfois, sa propension au mal rend la guerre plus difficile à soutenir, elle se rappelle la réponse de Notre-Seigneur à saint Paul presque abattu dans la lutte ardente de la chair contre l'esprit; puis, reprenant courage, elle attend patiemment la victoire. « Mais, dit saint Jean Chrysostome, Satan se précipite sur le chrétien dépourvu de l'épée de la prière; il se jette sur lui et le pousse dans le désordre, jusque dans l'abime de tout désordre. » Alors, il arrive que l'homme, chair et sang, selon l'expression de saint Paul, n'aperçoit pas les choses qui sont de l'esprit de Dieu; elles lui paraissent une folie, et il ne peut les comprendre, parce qu'on n'en juge bien que par l'esprit. S'il ne descend point jusqu'à ces excès, il reste toujours l'homme terrestre, dont parle le même apôtre dans sa première épitre aux Corinthiens (xv, 47); c'est-à-dire, qu'il vit sans se soucier en aucune façon des enseignements de la foi, au gré de ses intérêts, de ses caprices, de ses fantaisies, en respectant, toutefois, certaines exigences de la morale humaine.

La déférence qu'il accorde à la religion est plutôt un sentiment de bienséance, que l'expression de sa vénération et de son amour. Il ne prie plus ; aussi la gloire qui doit éclater un jour en nous au ciel le laisse froid, insensible ; peut-être même la considère-t-il comme une fiction poétique, en regard des honneurs et des richesses de ce monde. Il ne prie plus ! les erreurs, les préjugés de l'opinion, favorisés par la complicité de son cœur, obscurcissent jusque les notions élémentaires de la foi. L'Eglise, surtout, ne lui apparait plus comme l'épouse de Jésus-Christ, chargée de transmettre aux hommes la grâce et la vérité. Vienne le temps de la tribulation et des revers, il est tout entier à sa douleur, sans résignation, augmentant son tourment par le murmure et le blasphème !

Divin Jésus, qui m'avez donné un si touchant exemple de la prière, ne permettez pas que je désapprenne ce grand devoir. Faites, au contraire, que je le remplisse avec crainte, pour ne point risquer de prier sans les dispositions requises ; et avec joie, pour l'honneur que vous m'accordez dans cette audience intime.

Sainte Scholastique, c'est pour vous rassasier de la prière que vous avez quitté le monde. C'est dans ce saint exercice que votre âme puisa ses aspirations brûlantes pour la vertu; obtenez-moi la grâce de m'habituer à la vie de prière.

HUITIÈME JOUR

LA COMMUNION EST UN MOYEN NÉCESSAIRE AU SALUT

La sainte Ecriture nous dit qu'il y avait dans le paradis terrestre un arbre de vie dont le fruit devait prolonger, durant de longs siècles, la robuste santé d'Adam, notre père commun; prémunir son intelligence contre l'erreur et les préjugés; maintenir ses sens dans l'ordre, pour que rien ne convertit en péril leur simplicité sans tache. Malheureusement, l'homme ne sut pas, au moment de l'épreuve, porter le poids de ses grandeurs, dans une soumission reconnaissante et amoureuse; sa chute nous légua ses misères et sa condamnation. Dieu prépara le remède par l'incarnation de son fils, le Verbe éternel; et Jésus-Christ nous l'offre dans toute son efficacité, au moyen de la sainte communion. C'est l'arbre de vie auquel l'humanité nouvelle, c'est-à-dire les chrétiens, doit porter la main d'après ces paroles : « Si vous ne mangez la chair du Fils de l'homme et ne buvez son sang, vous n'aurez point la vie en vous (1). »

Pour que nous ne puissions révoquer en doute la sanction de ce précepte, Jésus-Christ maintint, en partie, celle qui accompagnait la défense faite à Adam : « Au jour que tu mangeras du fruit de l'arbre de la science du bien et du mal, tu mourras de mort (2). » Les misères qui nous assaillent, les souffrances qui nous minent, et enfin la mort qui nous rend à la poussière d'où nous sommes tirés, prouvent chaque jour qu'on ne désobéit pas impunément à Dieu.

Jésus-Christ accomplit une chose d'une simplicité et d'une grandeur surhumaines, quand il institua la sainte Eucharistie. Il prit du pain, le bénit et le donna à ses Apôtres, en disant : « *Prenez et mangez, ceci est mon corps.* » Il prit ensuite du vin, et ayant rendu grâces à Dieu son Père, il le bénit également et le donna à ses Apôtres, en disant : « *Buvez en tous, car ceci est mon sang.* » Rien de plus simple ! Toutefois, les effets naturels de ces deux sub-

(1) Ev. S. Jean, VI, 54.
(2) Gen., II, 17.

stances nous font entrevoir les merveilleuses conséquences de la sainte communion.

Le pain et le vin sont les produits les plus nobles des travaux de l'homme. Ils forment son aliment royal; ils se transforment en son sang, et portent dans tous ses membres la substance la plus riche, la plus féconde de développement et de vie. Mais ce sont eux aussi qui, en retour, demandent à l'homme des labeurs incessants, et font couler de son front les plus grandes sueurs. Voilà le mystère de la vie qui se dépense, et de la vie qui se répare.

Dans la sainte Eucharistie, Jésus-Christ dépense sa vie sacramentelle, puisque par la communion nous consommons les saintes espèces sous lesquelles il se voile. Mais il développe sa vie mystique par la diffusion et l'augmentation du divin dans notre âme. Il nous fait participants de sa nature; et selon les paroles énergiques de saint Cyrille, nous lui sommes unis par les liens du sang. Cette union est tellement étroite, que le Sauveur la compare à celle qui existe entre lui et son Père. Aussi, l'Apôtre saint Jean voulant résumer toutes ces transfigurations de l'homme qui communie, l'appelle *un Dieu : Dii estis.*

La communion nous met dans la voie sûre qui conduit au ciel. Les fausses routes où nous poussent sans cesse nos passions, se trouvent en quelque sorte fermées, parce que nos concupiscences sont, sinon éteintes, du moins considérablement amoindries.

La communion nous place dans le foyer de la vérité. Elle donne à notre intelligence une pénétration plus grande dans les choses de la religion et dans la science des saints. Elle nous éclaire au milieu des ténèbres qui couvrent le monde; par elle nous apercevons mieux la fausseté de ses maximes, l'erreur de ses doctrines, et le danger de ses exemples.

La communion, enfin, met au plus intime de notre être, la vie que traverse le temps sans subir ses injures; le tombeau, sans en subir la pourriture. Cette vie entre dans l'Eternité pour y recevoir son entier épanouissement dans la gloire du ciel. En attendant, elle active notre foi pour les bonnes œuvres; elle échauffe notre cœur sous l'action de la charité, et nous fait entrer dans les amours et les intérêts divins; nous communique la sève abondante des vertus chrétiennes pour nous faire répandre la bonne odeur de Jésus-Christ.

La communion n'est pas seulement la splendeur et la vie de notre âme, elle est encore un gage de résurrection glorieuse pour notre corps. Quand Dieu, par un dernier acte de sa puissance créatrice, unit l'âme et le corps pour en faire jaillir le mystère de la vie, il mit dans ce dernier des aptitudes dignes de l'esprit immortel qu'il portait. Inséparablement unis pour la grandeur, ils le furent également dans la chute. La réhabilitation par Jésus-Christ devait leur être commune. L'Apôtre saint Paul nous dit formellement que nous formons avec le Sauveur un corps mystique dont il est la tête, et nous les membres; et qu'en cette qualité, nous devons rejoindre notre chef. Et, puisque Jésus-Christ est la résurrection et la vie, notre corps, tabernacle de la sainte communion, peut regarder la mort en face et lui jeter cette ironique parole : *O mort, où est ton aiguillon ? Où est ta victoire ?* Tu me frapperas, je le sais; tu me réduiras en poussière; mais ni la pourriture, ni les vers, ministres de ta puissance, ne m'enchaineront à tout jamais dans le tombeau que tu m'auras creusé. J'ai fait la communion de Jésus, j'ai la vie, j'ai la force; à moi, par Jésus, la résurrection glorieuse!

Il en est de l'homme comme de ces tableaux de maître dont la beauté merveilleuse ne se révèle que par un certain point de vue. La communion, voilà le point de vue mystérieux d'où l'on peut saisir les grandeurs de l'homme. Par là, et par là seulement, il apparait dans toute sa majesté. Méconnaître le grand honneur comme le grand devoir de la communion, c'est tomber des plus hautes régions du divin dans les caducités de ce monde. Alors même que l'on porterait haut et ferme les vertus d'honneur et de loyauté, toutes ces œuvres, privées de la vie de Jésus, ne dépasseraient pas la mesure de l'humaine faiblesse : elles seraient stériles pour le ciel !

Seigneur Jésus, parmi les munificences de votre rédemption, la sainte Eucharistie est la plus féconde en fruits de salut. Dès lors, il n'est pas étonnant que le démon ait cherché à nous en priver, en opposant à votre cœur le crime de Judas : il espérait par là tarir la source de votre amour. Trompé dans son attente, il a recours à toutes les intrigues, pour multiplier et les sacrilèges et les abstentions à la table sainte.

Ne permettez pas que je tombe jamais dans ses pièges homicides. Vous avez été la joie de mon enfance ; soyez la force de ma jeunesse, l'honneur de mon âge mûr, et l'espérance de ma vieillesse.

Sainte Scholastique ! vous que Dieu fait participer à sa propre vie en devenant votre aliment et votre breuvage, par le mystère d'une communion éternelle dont vos communions sur la terre était la fugitive image, obtenez-moi la grâce de ne pas reculer devant la préparation laborieuse que réclame ce festin glorieux et plein de douceur auquel je suis convié, au moins une fois chaque année, afin que mon âme, toujours soucieuse de sa dignité suréminente, ne subisse pas le joug de la passion ni des sens, et qu'elle se rende digne du bonheur du ciel.

NEUVIÈME JOUR

TENTATION DU DÉMON POUR DÉTOURNER DE LA SAINTE COMMUNION

Dans l'Eglise, comme dans le paradis terrestre, l'homme reste l'arbitre de sa destinée éternelle. Il a sous sa main les remèdes au péché et de quoi satisfaire son ambition native, en se faisant Dieu. La sainte Eucharistie est ce fruit mystérieux que nous devons manger sur l'ordre formel de Jésus-Christ. Cette fois, le démon, toujours acharné à notre perte, pousse à l'abstention au moyen des jouissances sensuelles. Au commencement, il cache son infernale malice sous les apparences du respect; et promet à Adam les honneurs et les attributs de la divinité, s'il consent à manger le fruit défendu : *Vous ne mourrez pas ; vos yeux au contraire s'ouvriront, et vous serez comme des dieux sachant le bien et le mal.* Comment aurait-il pu parler de la succulente saveur du fruit à un homme couronné de gloire et d'honneur, qui avait vu Dieu de si près et dont le cœur était si haut ?

Aujourd'hui que nous sommes éloignés des pures clartés de la vérité, il sait que nous avons moins conscience de la valeur de notre âme; c'est pourquoi il propose, en échange, tout ce qui offre au corps bien-être et plaisir. Il laisse les douces émotions d'une première communion, impatiemment attendue et généreusement préparée, s'évanouir; puis, ranimant la nature viciée et de moins en moins soutenue par la grâce, il fait entendre son langage séducteur au jeune déserteur du devoir : des serments faits dans la naïveté de l'esprit, dans la simplicité du cœur, et surtout dans l'inexpérience de la vie, ne peuvent engager tout un avenir qui montre chaque jour combien sont grandes les illusions de l'enfance. Comment supposer que toute une bouillante jeunesse, qui se relâche de la morale trop sévère des instructions catéchistiques, se désintéresse de son salut ? Refréner tous les emportements de cet âge, ne serait-ce pas mettre sur son cœur la pierre d'un tombeau, s'interdire la joie et la vie ? Ne serait-il donc pas possible de conserver l'intégrité de sa foi tout en cédant aux exigences et aux intérêts du monde ?

C'est ainsi que ces appétits, ces penchants, ces désirs, ces convoitises que l'Ecriture sainte appelle concupiscences dangereuses, deviennent insensiblement la règle de conduite. La pénitence quadragésimale et l'abstinence de chaque semaine sont considérées comme une aggravation excessive au fardeau déjà si lourd des sueurs quotidiennes. La confession est renvoyée à des époques moins tourmentées du besoin de jouir. Enfin, les sens révoltés n'accordent plus qu'une démonstration peu gênante et plus ou moins régulière du culte public.

Ce dernier reste des pratiques chrétiennes semblerait-il à plusieurs une compensation suffisante à la communion ? Mais, sur ce point, Notre-Seigneur Jésus-Christ ne transige pas :

« En vérité, en vérité, je vous le dis, si vous « ne mangez la chair du Fils de l'homme et ne « buvez son sang, vous n'aurez pas la vie en « vous (1). »

Non, vous ne mourrez pas, dit le démon; ouvrez les yeux aux lumières de la science humaine, et vous verrez que votre origine biblique n'a tant de prétention, que pour mieux vous tyranniser par la crainte des châtiments éternels. L'Église, jalouse des grandeurs et des

(1) S. Jean, VI, 54.

jouissances de cette vie, ouvrage de vos mains, cache à votre intelligence le soleil de la vérité par les dogmes de sa foi. Par ce langage, il parvient à déguiser à beaucoup les humiliations de leur âme, courbée sous le joug des passions. Ces chrétiens, tristes victimes de la mollesse, rejettent les vérités qui les dépassent et les préceptes qui les gênent. Leur première et principale maxime pratique est que l'on trouve en soi sa propre règle; que chacun vivant à ses risques et périls est maître absolu de ses actes; que le péché n'est qu'un excès ou un manque de mesure et de modération, sans que Dieu ait à s'en mêler. On ne les voit plus dans l'assemblée des fidèles; ils fuient l'Eglise, ce mémorial de l'amour divin. Si parfois la parole, portée par la grâce, parvient à frapper leurs oreilles, ils s'indignent qu'on ait troublé leur quiétude; répondent par quelques railleries, et rentrent dans leur indolent sommeil. Comme s'il suffisait de dormir pour effacer le dogme de l'immortalité de l'âme et la confondre avec le corps dans une commune mort !

Seigneur Jésus, vous avez les paroles de la vie éternelle. Ne permettez pas que je succombe à la tentation que me suggère l'ennemi de mon salut à l'égard de votre divin sacrement. Vous m'affirmez que pour rester dans les grandeurs infinies de ma vocation de chrétien et ma fraternité avec vous, il me faut manger votre chair et boire votre sang. De son côté, le démon met tout en œuvre pour m'éloigner de la sainte communion ; il sait rendre spécieux les moindres prétextes. Sa parole est mensonge, c'est vrai ; mais il y a tant de complicité dans mon cœur, que je crains de justifier cet oracle du Psalmiste : « L'homme au milieu de sa grandeur n'a pas compris sa destinée, il s'est fait semblable aux animaux, qui meurent tout entiers ! »

Sainte Scholastique, amante fidèle de l'Eucharistie, obtenez-moi la grâce de m'asseoir toujours à la table sainte avec un cœur pur ; et que je ne m'en éloigne jamais, soit par respect humain, soit par condescendance à mes passions, soit enfin par les entraînements de l'exemple.

O mon Dieu, à qui la vertu de pureté est si agréable, et qui fixez votre séjour dans un cœur qui en est doué, accordez à tous ceux qui vénèrent humblement la pureté de sainte Scholastique, votre épouse fidèle, de pouvoir suivre son exemple dans le cours de leur vie ; c'est par Notre-Seigneur Jésus que nous vous adressons cette prière.

(*De com. Virg.*)

XI

Chants et prières en l'honneur de sainte Scholastique (1)

A l'exposition des saintes reliques.

RÉPONS

Solemnitatem sanctissimæ virginis Scholasticæ debita devotione sancta veneratur Ecclesia, quæ mira egit in terris. Et post gloriosum vitæ decursum magnis claruit miraculis. ℣ Bonum certamen certavit, cursum consummavit, fidem servavit. * Et post. ℣ Gloria Patri, etc. Et post.

℣ O Virgo Christi Scholastica, magna est fides tua.

℟ Intercede pro nobis ad Dominum Deum nostrum.

(1) Tirés des anciens livres liturgiques de l'abbaye.

ORAISON

Deus, qui beatæ virginis tuæ Scholasticæ animam ad ostendendum vitæ innocentiam, in columbæ specie cœlum penetrare fecisti, concede nobis ipsius meritis sic innocenter vivere, ut ad eadem mereamur gaudia pervenire.

Per Dominum.

A la procession qui a lieu avant la messe.

HYMNE

Mentibus lætis jubilemus omnes,
Plectra tangentes fidibus canoris,
Sponsa dum chari recipit triumphans
Oscula Sponsi.

Osculum Sponsi Superis stupendum;
Osculum sponsæ pariter canendum;
Quam bonum castas simili sorores
Nubere Sponso!

Inde consurgis meritis beata,
Nescis et labem nivei pudoris,
Præpotens virgo, rejicisque vani
Gaudia mundi.

Hinc, columbinis modo vecta pennis,
Tolleris sursum radiis coruscans;

Et modo in puræ speciem columbæ
Sidera scandis.

Spes, ave, nostræ decus et catervæ !
Jam fruens Christo super astra gaude;
Dum tui festum canimus triumphi,
Accipe votum.

Nuntia, mater, famulis, precamur,
Pacis æternæ speciale munus,
Quo poli tandem teneamus aulam
Semper ovantes.

Præstet hoc nobis Deitas beata
Patris, ac Nati, pariterque Sancti
Spiritus, cujus resonat per omnem
Gloria mundum. Amen.

Le verset et l'oraison comme plus haut.

A la remise des reliques.

Gloriosæ Christi virginis diem festum recolimus, quæ pro cœlestis amore patriæ. * Caduca mundi respuit et sanctæ conversationis certamen arripuit. Propter veritatem et mansuetudinem et justitiam. * Caduca etc.

Gloria Patri, etc.

℣ Quis dabit mihi pennas sicut columbæ ?

℟ Et volabo et requiescam.

Oraison ci-dessus.

LITANIES (1)

DE

SAINTE SCHOLASTIQUE

Kyrie, eleison.
Christe, eleison.
Kyrie, eleison.
Christe, audi nos.
Christe, exaudi nos.
Pater de cœlis, Deus, miserere nobis.
Fili, Redemptor mundi, Deus, miserere nobis.
Spiritus sancte, Deus, miserere nobis.
Sancta Trinitas, unus Deus, miserere nobis
Sancta Maria, ora pro nobis.
Sancta Dei genitrix,
Sancta virgo virginum,
Sancta Scholastica,
Sancta Scholastica, sancti Benedicti soror gemella,

(1) Tirées de l'*Histoire de sainte Scolastique et de ses reliques*, par l'abbé Raulin, approuvée par Mgr Rossat, évêque de Verdun.

Sancta Scholastica, nobili genere exorta, ora pro nobis.

Sancta Scholastica, Nurciæ Provincia oriunda,

Sancta Scholastica, ab æterno a Deo electa,

Sancta Scholastica, Christi Domini gratiæ præventa,

Sancta Scholastica, ab infantia Deo consecrata,

Sancta Scholastica, virgo semper integerrima,

Sancta Scholastica, Christo Jesu desponsata.

Sancta Scholastica, Spiritus sancti discipula,

Sancta Scholastica, innocentiæ speculum,

Sancta Scholastica, perfectionis norma,

Sancta Scholastica, virtutum exemplar,

Sancta Scholastica, monasticæ vitæ decus,

Sancta Scholastica, innumerabilium virginum patrona,

Sancta Scholastica, infinitarum monialium mater,

Sancta Scholastica, angelicæ vitæ imitatrix,

Sancta Scholastica, fide in Deum plena,

Sancta Scholastica, spe cœlestium bonorum repleta,

Sancta Scholastica, charitate Sponsi semper ardens,

Sancta Scholastica, humilitate præfulgens,

Sancta Scholastica, cœlestibus desideriis perpetuo accensa,

Sancta Scholastica, Christo multum familiaris,

Sancta Scholastica, in Domino confidens, ora pro nobis.

Sancta Scholastica, orationi frequenter insistens,

Sancta Scholastica, a Domino subito exaudita,

Sancta Scholastica, spiritualibus gratiis cumulata,

Sancta Scholastica, perseverantiæ laude insignis,

Sancta Scholastica, in columbæ specie cœli secreta penetrans,

Sancta Scholastica, paradisi jam colona,

Sancta Scholastica, Agnum sequens quocumque ierit,

Sancta Scholastica, Sponsi amplexibus in æternum adhærens,

Sancta Scholastica, corona gloriæ decorata,

Sancta Scholastica, divinitate tota plena,

Sancta Scholastica, angelorum choris sociata,

Sancta Scholastica, cum sanctissimo fratri tuo in æternum gaudens,

Sancta Scholastica, invocantium te apud Deum advocata,

Sancta Scholastica, imitantium te favorabilis patrona,

Sanctissima virgo Scholastica,

Peccatores, te rogamus, audi nos.

Ut sanctissimis et efficacissimis apud Deum orationibus tuis nos adjuvare digneris,

Ut supplicationibus tuis ariditatem cordis nostri cœlestis gratiæ rore perfundi facias, te rogamus, audi nos.

Ut sancta ac pia cordium nostrorum desideria efficias,

Ut nos tuo interventu Christo, animarum nostrarum sponsa, in æternum socies,

Ut nos tecum, puras et innocentes ut columbas, cœli secreta penetrare facias,

Ut nos ad gaudia æterna, ad sponsi Jesu amplexus, perducas,

Ut nos exaudire digneris,

Agnus Dei qui tollis peccata mundi, parce nobis, Domine.

Agnus Dei qui tollis peccata mundi, exaudi nos, Domine.

Agnus Dei qui tollis peccata mundi, miserere, nobis.

Kyrie, eleison,

Christe, eleison,

Kyrie, eleison.

℣. Ora pro nobis, beata Scholastica.

℟. Ut digni efficiamur promissionibus Christi.

OREMUS

Deus, qui beatæ Virginis tuæ Scholasticæ animam ad ostendendam vitæ innocentiam, in columbæ specie cœlum penetrare fecisti : concede nobis ipsius meritis sic innocenter vivere, ut ad eadem mereamur gaudia pervenire. Per Dominum nostrum, etc.

LITANIES DE SAINTE SCHOLASTIQUE

Seigneur, ayez pitié de nous.
Jésus-Christ, ayez pitié de nous.
Seigneur, ayez pitié de nous.
Jésus-Christ, écoutez-nous.
Jésus-Christ, exaucez-nous.
Père céleste qui êtes Dieu, ayez pitié de nous.
Fils, rédempteur du monde, qui êtes Dieu, ayez pitié de nous.
Esprit-Saint, qui êtes Dieu, ayez pitié de nous.
Sainte Trinité, qui êtes un seul Dieu, ayez pitié de nous.
Sainte Marie, priez pour nous.
Sainte Vierge des vierges,
Sainte Scholastique,
Sainte Scholastique, sœur de saint Benoît,
Sainte Scholastique, éternellement élue de Dieu,
Sainte Scholastique, prévenue de la grâce de Notre-Seigneur Jésus-Christ,
Sainte Scholastique, consacrée à Dieu dès l'enfance,

Sainte Scholastique, vierge toujours très pure, Priez pour nous.

Sainte Scholastique, fiancée à Notre-Seigneur Jésus-Christ,

Sainte Scholastique, enseignée par le Saint-Esprit,

Sainte Scholastique, miroir d'innocence,

Sainte Scholastique, règle de perfection,

Sainte Scholastique, modèle de vertus,

Sainte Scholastique, ornement de la vie monastique,

Sainte Scholastique, patronne de vierges innombrables,

Sainte Scholastique, mère d'une infinité de religieuses,

Sainte Scholastique, imitatrice de la vie des anges,

Sainte Scholastique, pleine de foi en Dieu,

Sainte Scholastique, remplie de l'espérance des biens du ciel,

Sainte Scholastique, brûlante d'amour pour l'Epoux divin,

Sainte Scholastique, rayonnante d'humilité,

Sainte Scholastique, toujours enflammée de désirs célestes.

Sainte Scholastique, amie intime de Jésus-Christ,

Sainte Scholastique, animée envers le Seigneur d'une confiance toute filiale,

Sainte Scholastique, appliquée fréquemment à l'oraison, Priez pour nous.

Sainte Scholastique, promptement exaucée,

Sainte Scholastique, comblée des grâces spirituelles,

Sainte Scholastique, honorée de la gloire de la persévérance,

Sainte Scholastique, pénétrant sous la forme d'une colombe dans le céleste sanctuaire,

Sainte Scholastique, qui habitez maintenant le paradis,

Sainte Scholastique, qui suivez l'Agneau partout où il va,

Sainte Scholastique, unie éternellement aux embrassements de l'Epoux,

Sainte Scholastique, ornée de la couronne de gloire,

Sainte Scholastique, toute remplie de la divinité,

Sainte Scholastique, associée aux chœurs des anges,

Sainte Scholastique, unie pour l'éternité aux joies de votre très saint frère,

Sainte Scholastique, avocate auprès de Dieu pour ceux qui vous invoquent,

Sainte Scholastique, patronne bienfaisante de ceux qui vous imitent,

Très sainte vierge Scholastique,

Pauvres pécheurs, nous vous en supplions, exaucez-nous.

Daignez nous aider près de Dieu par vos très saintes et très puissantes prières,

Daignez nous admettre nous-mêmes au nombre de vos enfants,

Daignez exciter, développer et affermir notre dévotion envers vous,

Daignez, par vos prières, obtenir que la rosée des grâces célestes rafraichisse l'aridité de notre cœur,

Daignez obtenir l'accomplissement de nos saints et pieux désirs,

Daignez, par votre intercession, nous réunir pour l'éternité à Jésus-Christ, l'Epoux de nos âmes,

Daignez nous faire entrer avec vous, comme de pures et innocentes colombes, dans le céleste sanctuaire,

Daignez nous faire parvenir aux joies éternelles, aux embrassements de l'Epoux Jésus,

Daignez nous exaucer, nous vous en supplions.

Agneau de Dieu qui effacez les péchés du monde, pardonnez-nous, Seigneur.

Agneau de Dieu qui effacez les péchés du monde, exaucez-nous, Seigneur.

Agneau de Dieu qui effacez les péchés du monde, ayez pitié de nous, Seigneur.

Seigneur, prenez pitié,
Jésus-Christ, prenez pitié,
Seigneur, prenez pitié.
℣. Priez pour nous, bienheureuse Scholastique.
℟. Afin que nous devenions dignes des promesses de Jésus-Christ.

PRIONS

O Dieu, qui, pour manifester l'innocence de votre bienheureuse vierge Scholastique, avez fait entrer son âme dans le ciel sous la forme d'une colombe, accordez-nous, par ses mérites, de vivre nous-mêmes avec tant d'innocence que nous méritions de parvenir aux mêmes joies; par Notre-Seigneur Jésus-Christ, etc.

Glorieuse sœur de saint Benoit, sainte Scholastique, vous qui avez généreusement échangé les joies du siècle et le luxe d'une condition brillante contre les austérités et les saintes tristesses de la pénitence, demandez pour nous à Dieu, que si nous n'avons pas, comme vous, le courage de renoncer au monde, et de nous enfermer dans un cloître, nous ayons au moins celui de ne point nous attacher aux vanités, et de vivre chrétiennement dans la condition où il a plu au Seigneur de nous placer.

CANTIQUE

en l'honneur de sainte Scholastique

REFRAIN

Chantons, chrétiens, de sainte Scholastique
Chantons, chantons, imitons les vertus;
Et sur les pas de cette âme angélique,
Nous parviendrons au bonheur des élus.

I

A Jésus-Christ, dès l'âge le plus tendre,
Avec transport elle voua son cœur;
Vers les vrais biens toujours elle sut tendre
Par la vertu qui faisait son bonheur.
Chantons, etc.

II

Suivant les traces de Benoit son frère,
Des faux plaisirs elle a fui les attraits;
Et, sous le toit d'un humble monastère,
Du Rédempteur a reproduit les traits.
Chantons, etc.

III

Là, se livrant aux veilles, au silence,
Par des rigueurs elle affligea son corps,

Pour conserver la grâce, l'innocence,
Et de Satan repousser les efforts.
Chantons, etc.

IV

Humble de cœur, douce, pauvre et modeste,
Elle brûlait des feux du saint amour ;
A voir son Dieu dans sa gloire céleste,
Elle aspira jusqu'à son dernier jour.
Chantons, etc.

V

Riche des biens que respecte la tombe,
Joyeusement elle accueillit la mort ;
Et, sous l'aspect d'une blanche colombe,
Son âme au ciel prit vite son essor.
Chantons, etc.

VI

Don précieux d'une pieuse reine,
Ces restes saints, depuis plus de mille ans,
Sont un trésor qui dans ce temple amène
Des alentours les mères, les enfants.
Chantons, etc.

VII

Tous, à l'envi, réclament l'assistance
De Scholastique, auprès de l'Eternel ;

En l'imitant, le vrai chrétien s'avance
D'un pas certain sur le sentier du ciel.
Chantons, etc.

VIII

Si nous venons devant ce reliquaire,
Vous adresser nos vœux les plus ardents;
Sainte bénie ! écoutez la prière
Que tous, ici, nous joignons à nos chants.
Chantons, etc.

IX

Du haut des cieux, prémunissez nos âmes
Contre l'attrait des dangereux plaisirs;
Et, de nos cœurs purifiant les flammes,
Vers notre Dieu dirigez nos désirs.
Chantons, etc.

X

Dans tous nos maux, ah ! soyez-nous propice
De votre cœur montrez-nous la bonté ;
Préservez-nous des ravages du vice ;
Préparez-nous l'heureuse éternité.
Chantons, etc.

XI

Restes sacrés de sainte Scholastique,
Vous que la foi met au-dessus de l'or,

Jusqu'au grand jour, sous cette voûte antique,
De Juvigny vous serez le trésor,
Chantons, etc.

XII

Si nous quittons ce pieux sanctuaire,
Qui nous paraît le portique des cieux,
A votre autel, ô vierge tutélaire,
Nous reviendrons : Recevez nos adieux !
Chantons, etc.

XIII

Non, non, jamais, dans la suite des âges,
On ne prendra ce précieux dépôt ;
Pour le garder, de généreux courages
Se dévoueront, et mourront s'il le faut.
Chantons, etc.

J. B. P.

Autre cantique

REFRAIN

Ave, ave, o Scholastica ! (*bis*)

Salut, Scholastique,
Reine de ces lieux,
O patronne antique
De nos bons aïeux.

Les murs de Norcie
Virent ton berceau
Orner l'Italie
D'un fleuron nouveau.

Eutrope, ton père,
Noble patricien,
En pleurant ta mère,
Fut ton seul soutien.

Mais la Providence,
Par ses doux appas,
Vers une œuvre immense
Dirige tes pas.

Méprisant le monde,
Ses biens, ses plaisirs,
Ton âme s'inonde
De pieux désirs.

Aussi quelle ivresse,
Quand tu peux enfin
Donner ta jeunesse
Au cloître voisin !

Benoît, comme un phare
Sur le Mont-Cassin,
Au cœur qui s'égare
Montre le chemin.

Fidèle écolière
De ce grand docteur,
Tu sens sa lumière
Echauffer ton cœur.

Dieu met son tonnerre
Au gré de tes vœux,
Et force ton frère
A parler des cieux.

Dans cette patrie,
Tu verras toujours
Jésus et Marie,
Ton unique amour.

Ici, tout est sombre;
Mais, si de ta main
Tu dissipes l'ombre,
Nous ne craindrons rien.

Fais une prière
Pour nous, tes enfants;
Dis à notre Père :
Qu'ils soient triomphants !

TABLE DES MATIÈRES

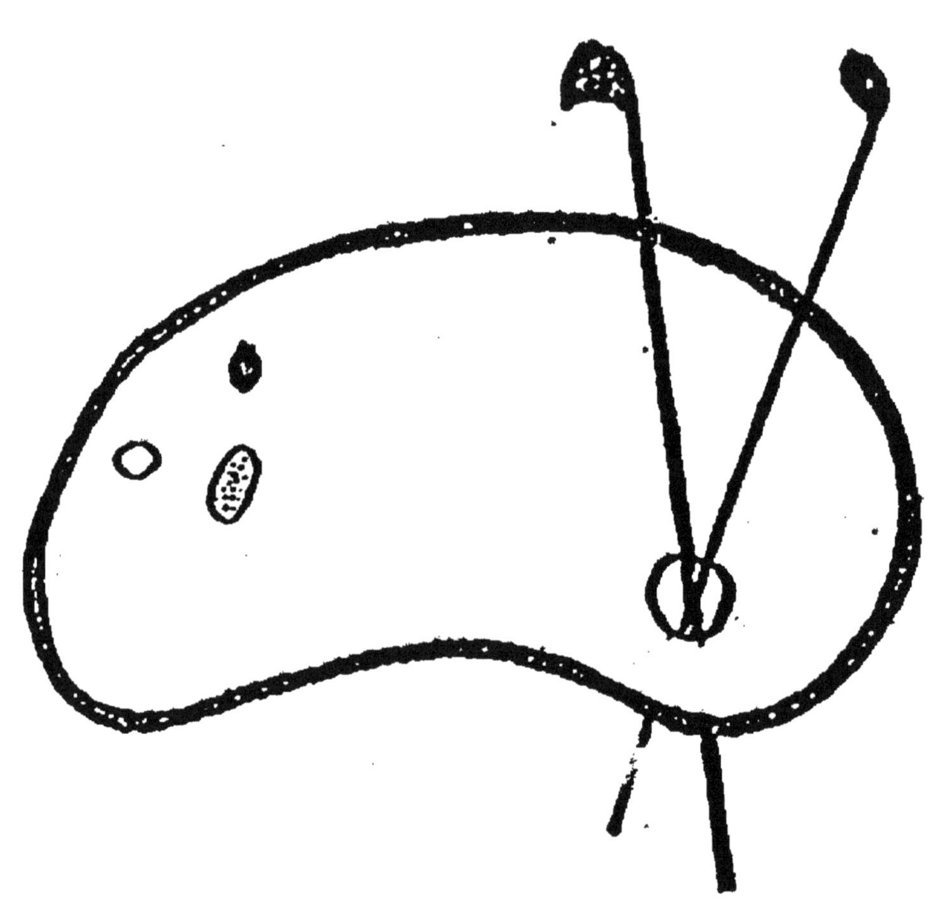

www.ingramcontent.com/pod-product-compliance
Ingram Content Group UK Ltd.
Pitfield, Milton Keynes, MK11 3LW, UK
UKHW021042200726
13857UKWH00003B/769

9 782012 829527